知识产权
常见典型问题解答

王国华 著

图书在版编目（CIP）数据

知识产权常见典型问题解答 / 王国华著． -- 北京：企业管理出版社，2025．8． -- ISBN 978-7-5164-3328-7

Ⅰ．D913.405

中国国家版本馆CIP数据核字第2025WC7734号

书　　名：	知识产权常见典型问题解答
书　　号：	ISBN 978-7-5164-3328-7
作　　者：	王国华
选题策划：	周灵均
责任编辑：	陈　戈　周灵均
出版发行：	企业管理出版社
经　　销：	新华书店
地　　址：	北京市海淀区紫竹院南路17号　邮　　编：100048
网　　址：	http://www.emph.cn　电子信箱：2508978735@qq.com
电　　话：	编辑部（010）68701408　发行部（010）68417763
印　　刷：	北京厚诚则铭印刷科技有限公司
版　　次：	2025年8月第1版
印　　次：	2025年8月第1次印刷
开　　本：	710mm×1000mm　1/16
印　　张：	16
字　　数：	230千字
定　　价：	78.00元

版权所有　翻印必究·印装有误　负责调换

前　言

人类进入 21 世纪以来，知识产权在社会中越来越凸显出其重要性，不仅从事知识产权工作的人员需要了解知识产权相关知识，对于普通人来说，也应当了解一定的知识产权基本知识，这种了解并非要熟知，而是对自己所涉及的知识产权是什么及如何交易等问题能有一个清晰的判断。知识产权包括著作权（也就是版权）、商标权、专利权、商业秘密权、商号权等权利。这些权利中又包含很多权利，如版权所包含的权利有 17 种以上，每一项权利所涉及的范围完全不同。比如，复制权与发行权，其区别在于：取得发行权而未取得复制权，仅可销售，但不能实施复制；同样，取得复制权而未取得发行权，仅可复制，但不可发行。这种差异在每一项知识产权权利中均有体现。普通人了解一定的知识产权基本知识并非多余，我们看到，随着知识产权价值的增加，社会对其重视程度不断提高，对于某些企业或个人来讲，其全部资产或核心资产可能就是知识产权，如某位小说作家，他所享有的小说作品的版权可能就是他经营的全部资产。了解知识产权将有助于权利人正确地认识自己所享有的知识产权，并正确地处理这些知识产权。这也是我写作本书的主要目的，就是让更多的普通人，特别是拥有知识产权的个人或企业了解一定的知识产权基本知识，避免及防止发生对自身知识产权不恰当处分的行为。望与各界共勉、同行。

王国华

2025 年 6 月

目 录

第一章 著作权

第一节 著作权及与著作权有关的权利 / 003

1. 什么是作品 / 003

2. 什么是著作权 / 003

3. 著作权和版权的关系 / 004

4. 什么是创作 / 005

5. 什么是创意 / 005

6. 创作和创意的关系 / 006

7. 什么是盗版 / 006

8. 著作权包含哪些权利 / 007

9. 计算机软件著作权包含哪些权利 / 008

10. 著作权是如何获得的 / 009

11. 作者何时开始享有著作权 / 010

12. 著作权法不予保护的作品有哪些 / 010

13. 什么是时事新闻 / 011

14. 时事新闻是否受著作权法保护 / 011

15. 什么是官方译文 / 012

16. 官方译文是否受著作权法保护 / 012

17. 历法、通用数表、通用表格和公式是否受著作权法
    保护 / 013

18. 受著作权法保护的作品有哪些 / 013

19. 什么是文字作品 / 014

20. 什么是口述作品 / 014

21. 什么是音乐作品 / 015

22. 什么是戏剧作品 / 015

23. 什么是曲艺作品 / 015

24. 什么是舞蹈作品 / 016

25. 什么是杂技艺术作品 / 016

26. 什么是美术作品 / 017

27. 什么是建筑作品 / 017

28. 什么是摄影作品 / 018

29. 什么是电影作品和以类似摄制电影的方法创作的作品 / 018

30. 什么是图形作品 / 019

31. 什么是模型作品 / 020

32. 什么是与著作权有关的权利 / 020

第二节　著作权人及权利归属 / 022

33. 著作权人有哪些 / 022

34. 对作品享有著作权的主体有哪几类 / 022

35. 改编、翻译、注释、整理作品进行出版是否需要得到原著作权人的许可 / 023

36. 两人以上合作创作完成的作品如何使用 / 024

37. 什么是汇编作品 / 025

38. 数据库是否属于汇编作品，是否受著作权法保护 / 026

39. 电影作品著作权归谁所有 / 027

40. 电影作品和类电作品中的剧本、音乐的作者是否有权单独行使著作权 / 027

41. 使用他人作品摄制电影或类电作品是否可以对作品进行必要的改动 / 028

42. 单位对工作人员完成的作品是否享有著作权 / 028

43. 美术作品的原件所有权转移，作品的著作权是否转移 / 030

第三节　著作权及与著作权有关的权益的保护期 / 032

44. 作者享有的哪些著作权保护期不受限制 / 032

45. 作者享有的哪项权利仅是一次性权利 / 033

46. 公民作品的著作财产权保护期是多久 / 034

47. 法人或非法人组织的作品著作权保护期是多久 / 035

48. 单位享有著作权的职务作品的著作权保护期是多久 / 035

49. 电影作品的著作权保护期是多久 / 036

50. 以类似摄制电影的方法创作的作品的著作权保护期

是多久 / 036

51. 作者生前未发表的作品的著作权保护期是多久 / 037

52. 作者身份不明的作品的著作权保护期是多久 / 037

53. 图书出版者对其版式设计享有的权利保护期是多久 / 038

54. 表演者对其表演的作品享有的权利保护期是多久 / 038

55. 录音录像制作者对其制作的录音录像制品享有的

权利保护期是多久 / 039

56. 电台播放的广播、电视台播放的电视转播的著作权

保护期是多久 / 040

第四节　著作权人及与著作权有关的权利人的权利限制 / 042

57. 合理使用他人作品是否需要指明作者姓名、作品名称 / 042

58. 国家机关使用他人作品是否须经著作权人许可 / 042

59. 何种情形属于对政治、经济、宗教问题的时事性文章的

合理使用 / 043

60. 何种情形下使用他人作品进行表演不构成侵权 / 044

61. 学校因课堂教学或科学研究使用他人作品是否构成侵权 / 045

62. 在自己创作的作品中使用他人作品是否构成侵权 / 046

63. 图书馆、档案馆、纪念馆、博物馆、美术馆等在何种

情形下使用他人作品不构成侵权 / 047

64. 何种情形出版他人作品无须经著作权人许可 / 048

65. 根据国家教育规划实施义务教育而使用他人作品

是否构成侵权 / 049

66. 录音录像制作者使用他人作品不构成侵权的情形 / 050

67. 广播电台、电视台播放他人作品是否须经著作权人许可 / 051

68. 使用他人作品是否须经著作权人许可 / 052

第五节　著作权许可和转让 / 053

69. 著作权中的哪些权利可以许可使用 / 053

70. 与著作权有关的权益中哪些权利可以许可使用 / 054

71. 使用他人作品是否必须订立许可合同 / 054

72. 许可合同中包含不得许可的内容，是否会导致合同无效 / 055

73. 许可合同是否必须采取书面形式 / 055

74. 被许可人获得的专有使用权内容包括哪些 / 056

75. 著作权许可合同包括哪几类 / 056

76. 著作权及与著作权有关的权益中哪些权利可以转让 / 057

77. 著作权转让是否需要订立转让合同 / 058

78. 著作权转让是否需要明确权利转让种类 / 059

79. 著作权转让合同中包含不得转让的权利，合同是否有效 / 059

80. 什么是出版 / 060

81. 出版他人作品是否需要订立合同 / 061

82. 专有出版合同中未明确专有内容，出版者享有的专有出版权包含哪些 / 061

83. 著作权人有权终止出版合同的情形有哪些 / 062

84. 作者是否可以将同一作品向不同报社、期刊社投稿 / 062

85. 转载是否须经著作权人许可 / 063

86. 出版者对其出版的期刊、图书享有哪些权利 / 064

87. 什么是表演 / 065

88. 什么是表演者 / 065

89. 表演者使用他人作品进行表演是否须经作品著作权人
    许可 / 066

90. 表演者对其表演享有哪些权利 / 067

91. 表演者权与表演权的区别是什么 / 067

92. 表演者享有的哪些权利保护期不受限制 / 068

93. 外国人在境外完成的表演是否受我国法律保护 / 069

94. 表演者享有的哪些权利可以许可使用或转让 / 071

95. 什么是录音录像制作者 / 072

96. 什么是录音录像制品 / 073

97. 使用他人作品制作录音录像制品是否须经著作权人
    许可 / 073

98. 录音录像制作者对录音录像制品享有哪些权利 / 074

99. 外国人制作完成的录音录像制品是否受我国著作权法
    保护 / 075

100. 广播电台、电视台播放他人作品是否须经著作权人
     许可 / 076

101. 广播电台、电视台对其播放的广播电视节目享有哪些
     权利 / 077

102. 电视台播放哪些节目须经著作权人许可 / 077

第六节 著作权及与著作权有关权益的保护 / 079

103. 著作权中的什么权利可以担保质押 / 079

104. 与著作权有关的权益中哪些权利可以担保质押 / 080

105. 广告语是否受著作权法保护 / 081

106. 构成侵犯信息网络传播权的情形 / 082

107. 如何确定代笔作品的著作权归属 / 084

108. 委托作品的权属如何确定 / 084

109. 构成侵犯计算机软件著作权的情形 / 085

110. 侵犯著作权的赔偿损失如何确定 / 087

111. 机器人（AI）生成作品是否属于著作权法保护范围 / 088

112. 侵犯著作权及与著作权有关权益的行为有哪些 / 090

第二章 商标权

第一节 商标基本知识 / 095

113. 什么是商标 / 095

114. 商标如何分类 / 095

115. 未注册商标是否受到法律保护 / 096

116. 什么是商品商标 / 097

117. 什么是服务商标 / 097

118. 什么是集体商标 / 098

119. 什么是证明商标 / 099

120. 什么是商标的使用 / 099

121. 什么商品上必须使用注册商标 / 100

122. 申请注册商标的主体有哪些 / 101

123. 将他人美术作品申请注册为商标是否须经美术作品著作权人许可 / 102

124. 地理标志属于知识产权吗？它有哪些特征 / 102

125. 什么是商标申请中的分类申请、另行申请、重新申请、变更申请 / 103

126. 将具有作品性质的标识申请商标注册应注意什么问题 / 104

127. 什么样的标志或标识不能作为商标使用 / 104

128. 什么样的标志或标识不得作为商标申请注册 / 107

129. 什么是申请商标注册中的优先权 / 109

130. 申请注册的商标标识中能否有地理标志 / 110

131. 已注册商标被注销或撤销后再申请注册的限制有哪些 / 110

132. 第三人是否可以注册他人未在中国注册的驰名商标 / 111

133. 认定驰名商标应当考虑的因素有哪些 / 111

134. 认定驰名商标的机构有哪些 / 116

第二节　注册商标救济、交易 / 118

135. 商标局驳回商标申请不予公告的情形有哪些 / 118

136. 申请人对商标局驳回申请的救济程序是什么 / 120

137. 对国家知识产权局初审公告的商标提出异议的主体有哪些 / 121

138. 申请商标异议的程序 / 123

139. 注册商标的保护期是多久 / 124

140. 什么是注册商标续展 / 125

141. 如何办理注册商标转让 / 125

142. 注册商标转让应注意哪些问题 / 126

143. 商标使用许可应注意哪些问题 / 126

144. 商标使用许可合同包括哪几类 / 127

145. 商标转让是否影响之前的许可使用权 / 128

第三节 注册商标争议 / 129

146. 任何主体均可申请国家知识产权局撤销已注册商标的理由有哪些 / 129

147. 哪些商标无效理由仅在先权利人或利害关系人有权提出无效宣告请求 / 132

148. 申请宣告注册商标无效的时效期限是多久 / 134

149. 什么是不得以相同的事实和理由再次提出评审申请 / 135

150. 如何对国家知识产权局做出的裁定（决定）进行救济 / 137

151. 注册商标被撤销后是否有追溯力 / 139

152. 申请人可以以哪些在先权利撤销他人已注册的商标 / 140

153. 在后登记的著作权登记证书可否作为在先权利证据 / 141

154. 商号被注册为商标，可否主张在先权利 / 141

155. 书名被注册为商标，可否以在先权利受损宣告商标无效 / 142

156. 知识产权局撤销注册商标的情形及程序是什么 / 143

157. 注册商标如何使用 / 145

第四节 商标权的保护 / 147

158. 侵犯商标权的认定 / 147

159. 如何判断商标近似 / 150

160. 如何判断类似商品和类似服务 / 153

161. 对于商标侵权行为哪些人可以提出侵权指控 / 153

162. 不构成商标侵权的情形是什么 / 154

163. 商标侵权案件中如何确定赔偿 / 155

164. 销售侵犯商标权商品的，销售者如何承担责任 / 157

165. 使用者是否承担商标侵权法律责任 / 158

166. 商标侵权案件中侵权人承担哪些法律责任 / 158

第三章 专利权

第一节 专利总则 / 163

167. 什么是专利 / 163

168. 什么是发明专利 / 163

169. 什么是实用新型专利 / 164

170. 什么是外观设计专利 / 165

171. 专利申请是否都由国家知识产权局专利局受理审查 / 165

172. 什么是职务发明创造 / 166

173. 职务发明创造与非职务发明创造的区别是什么 / 167

174. 职务发明创造的发明人或设计人是否有权在专利申请文件中署名 / 167

175. 职务发明创造的发明人或设计人是否有权获得奖励
和报酬 / 168

176. 合作完成的发明创造其专利申请权和专利权如何
归属 / 169

177. 委托完成发明创造的专利申请权和专利权如何归属 / 171

178. 两个以上申请人就同一发明创造申请专利，该授予
何人 / 172

179. 专利申请权和专利权转让应注意哪些问题 / 172

180. 专利实施强制许可及其情形如何 / 174

181. 专利实施强制许可的被许可人有哪些权利和义务 / 176

182. 对专利实施强制许可决定不服的救济途径有哪些 / 176

第二节 专利申请及授权 / 177

183. 申请专利应当提交什么材料 / 177

184. 专利申请日如何确定 / 177

185. 专利文件送达如何确定 / 178

186. 什么是专利申请优先权 / 178

187. 申请专利优先权如何办理 / 178

188. 专利申请人是否可以要求多项优先权 / 179

189. 专利申请人申请本国优先权的限制有哪些 / 179

190. 什么是专利申请中的一申请原则 / 180

191. 被授予专利权之前，申请人是否可以撤回专利申请 / 180

192. 申请人对专利文件修改的限制有哪些 / 181

193. 哪些类型的专利仅进行初步审查即可授予专利权 / 181

194. 国家知识产权局专利局对申请发明专利进行初步审查的
    内容有哪些 / 181

195. 什么是申请专利中的实质审查 / 182

196. 专利申请人申请发明专利逾期申请实质审查的后果
    是什么 / 182

197. 什么是申请专利中的分案申请 / 182

198. 申请发明专利经实质审查，应当予以驳回的情形
    有哪些 / 183

199. 授予发明专利的条件有哪些 / 184

200. 什么是现有技术 / 184

201. 什么是在先取得的合法权利 / 184

202. 申请专利的发明创造在申请日前六个月内有哪些情形
    不丧失新颖性 / 185

203. 不授予专利权的情形有哪些 / 185

204. 实用新型和外观设计专利的授权条件是什么 / 186

205. 专利权自何时生效 / 186

206. 专利申请人对国务院专利行政部门驳回申请的决定
    不服的救济程序有哪些 / 187

207. 申请人申请专利复审期间是否可以修改专利文件 / 187

208. 国务院专利行政部门受理复审请求后，如何做出复审
    决定 / 188

209. 专利登记簿包括哪些事项 / 188

第三节　专利权终止、无效 / 189

210. 专利权保护期限是多久 / 189

211. 专利权终止的情形有哪些 / 189

212. 申请宣告专利权无效的主体有哪些 / 190

213. 申请宣告专利权无效的形式要件有哪些 / 190

214. 申请宣告专利权无效的理由及救济有哪些 / 191

215. 请求人是否可以以同样的理由和证据第二次提出专利权无效宣告请求 / 194

216. 什么是同样的理由和证据 / 195

217. 以侵犯在先权利为由申请宣告外观设计专利权无效须具备哪些条件 / 195

218. 外观设计专利中含有植物新品种名称可否申请宣告无效 / 196

219. 外观设计专利中含有域名是否能申请宣告无效 / 196

220. 无效宣告请求案件审查程序中，专利权人是否可以修改专利文件 / 197

221. 国务院专利行政部门审理专利权无效案件的程序是什么 / 197

222. 专利权被宣告无效的后果是什么 / 198

223. 对国务院专利行政部门做出的无效决定不服的救济途径有哪些 / 198

第四节　专利权保护 / 199

224. 专利权的保护范围是什么 / 199

225. 专利纠纷案件如何分类及管辖 / 200

226. 专利侵权涉及新产品制造方法发明专利的举证责任

如何分配 / 202

227. 假冒他人专利的行为有哪些 / 202

228. 假冒专利的行为有哪些 / 203

229. 专利权的保护期限是多久 / 203

230. 对专利权实施保全的注意事项有哪些 / 204

231. 专利维权的权利主体有哪些 / 204

232. 专利侵权如何认定 / 205

233. 提起确认不侵犯专利权诉讼的条件是什么 / 210

234. 专利维权案件中是否必须提供专利权评价报告 / 210

235. 获得专利许可授权后,被许可人是否可以授权他人

实施 / 211

236. 诉前申请停止侵犯专利权行为的主体有哪些 / 211

237. 侵犯专利权的诉讼时效如何计算 / 212

238. 在专利侵权案件中,专利权人如何举证 / 212

239. 在专利侵权案件中,被告如何抗辩 / 213

240. 在专利侵权案件中,被告请求中止诉讼的条件是什么 / 214

241. 司法实践中,人民法院不予中止诉讼的情形有哪些 / 215

242. 在专利侵权案件中对专利侵权行政决定如何处理 / 216

243. 在专利侵权案件中涉及权利冲突如何保护 / 216

244. 在专利侵权案件中如何确定赔偿 / 217

第四章　不正当竞争

第一节　基本知识 / 221

245. 什么是不正当竞争 / 221

246. 反不正当竞争法所称的经营者指哪些 / 221

247. 经营者在市场交易中应遵循的原则是什么 / 221

248. 什么是商业秘密 / 222

第二节　不正当竞争行为 / 223

249. 在相关商品上使用他人姓名是否构成不正当竞争 / 223

250. 在相关商品上使用他人企业名称是否构成不正当竞争 / 224

251. 使用他人商品名称、包装、装潢是否构成不正当竞争 / 224

252. 使用他人域名主体部分、网站名称、网页是否构成
不正当竞争 / 224

253. 以贿赂或回扣等方式购买或销售商品是否构成不正当
竞争 / 225

254. 构成虚假宣传的不正当竞争有哪些情形 / 226

255. 侵犯商业秘密构成不正当竞争如何认定 / 226

256. 构成侵犯商业秘密不正当竞争的举证责任是什么 / 227

257. 涉及侵犯商业秘密不正当竞争纠纷案的维权主体
有哪些 / 228

258. 有奖销售构成不正当竞争的情形有哪些 / 228

259. 损害他人商业信誉、商品声誉是否构成不正当竞争 / 229

260. 网络经营活动中构成不正当竞争的情形有哪些 / 229

第三节　不正当竞争行为应承担的法律责任 / 230

261. 不正当竞争纠纷案件中如何确定赔偿 / 230

262. 构成不正当竞争可能承担什么法律责任 / 231

后　记 / 233

第一章

著作权

第一节 著作权及与著作权有关的权利

1. 什么是作品

作品是一种以语言文字、符号、图形等形式所表达的智力创作成果，是作者思想情感的反映以及对客观世界的认识。《中华人民共和国著作权法实施条例》（以下简称《著作权法实施条例》）第二条规定："著作权法所称作品，是指文学、艺术和科学领域内，具有独创性并能以某种有形形式复制的智力成果。"

依据该条例关于作品的定义，著作权法意义上的作品需要满足以下四点：一是在文学、艺术、科学领域内的创作，二是具有独创性，三是能以有形形式复制，四是由人的智力创作的成果。智力是指人认识及理解事物并运用知识和经验解决问题的能力。

作品分为文字作品、口述作品、音乐作品、戏剧作品、曲艺作品、舞蹈作品、杂技作品、美术作品、建筑作品、摄影作品、电影作品、电视剧作品、类似电影作品、工程设计图、产品设计图、地图、示意图、其他图形作品、模型作品、软件作品和其他作品。

2. 什么是著作权

著作权是指作者或者其他著作权人依法对文学、艺术或科学作品所享有的各项专有权利的总称。著作权具有一定的专属性。专属性即非经版权人许可,任何人均不得非法使用。著作权包括著作人身权和著作财产权。著作人身权属于作者专属的权利,如署名权,该权利永久属于作者享有,且不因时间的推移而有任何的变化,也不属于可以交易的权利,如果交易涉及署名权,则该交易行为属于无效行为,不受法律的保护。著作财产权属于财产性权利,也是著作权中体现经济利益的权利,属于可以交易的权利。交易行为包括转让行为和许可行为,著作权属于私权性质的权利,在交易中完全基于著作权人与他人之间的协议转化来实现。

3. 著作权和版权的关系

在涉及著作权的有关活动中,社会公众通常会以版权作为通用术语,1990年制定的《中华人民共和国著作权法》(以下简称《著作权法》)中就将著作权与版权作为同义语来使用。其中,1990年的《著作权法》第五十一条规定,本法所称的著作权与版权系同义语。2001年修订的《著作权法》第五十六条也规定了本法所称的著作权即版权。2010年再次修订的《著作权法》第五十七条同样规定了本法所称的著作权即版权。由此可见,著作权即指版权,版权即指著作权,二者之间并无差异。

在历史上,二者却并非同一原义。"版权"概念源于英美国家,规制的是财产性权利,如未经版权人授权不得复制或使用作品的权利;版权的内容主要体现的是版权人的经济利益,并不涉及人身权;版权的主体既可以是自然人,也可以是法人等组织。著作权是大陆法系国家采用的概念,其中法国最早在著作权法中采用了"作者权"的概念。其相应的理论是,作品是作者人格的一部分,并且与作者人身紧密联系,只能是作者享有,作者只能是自然人,而不是法人或法人组织。

著作权最早是日本学者在翻译西文"版权"时引入该国的,后由日本引入中国。1910年中国历史上第一个版权法《大清著作权律》颁布,"著作权"的概念正式引入中国。1915年北洋政府制定的《北洋政府著作权法》及民国政府于1928年制定的《中华民国著作权法》基本上继承了《大清著作权律》。1990年制定的《著作权法》规定了著作权即指版权。之后历次所修订的《著作权法》都将著作权与版权作为同一词或含义来规定。

4. 什么是创作

创作是作品产生的唯一源泉，也是判断作品是否受著作权法保护的依据。作品是指以不同形式创作的文学、艺术和自然科学、社会科学、工程技术等作品。所以说创作是产生作品的基础。这在《著作权法实施条例》所规定的内容中可以看出，该条例第三条第一款规定，著作权法所称创作，是指直接产生文学、艺术和科学作品的智力活动。如第一问题所述，根据百度百科介绍智力之定义，"智力是指人认识、理解客观事物并运用知识、经验等解决问题的能力"。通俗点讲，人根据自身的认识、理解并结合自身的知识经验等产生文学、艺术和科学作品的行为，即创作。著作权法意义上的创作，并不包括提出的建议或物质条件的提供等。建议属于智力行为，但不构成作品的创作。《著作权法实施条例》第三条第二款规定，为他人创作进行组织工作，提供咨询意见、物质条件，或者进行其他辅助工作，均不视为创作。

5. 什么是创意

创意是具有新颖性和创造性的想法。著作权保护不得延伸到作品的思想、程序、操作方法、原理或数学概念等因素，但是只要作者的思想观点等内容通过一定方式独创性地表达出来，不论是何种形式，均受著作权法的保护。创意并不一定受到著作权法保护，具有独创性并能以某种有形形式复制的创意可以体现出的表达，即可为作品，并可以获得著作权相关法律的保护；反之亦然。实践中，通常将创意模糊定义为与创作同一意思，但是在法律语境中不同的词所呈现出的法律意思并非走向趋同。百度百科中关于创意的解释为"创造意识或创新意识的简称"，是指对现实存在的事物的理解及认识所衍生出的一种新的抽象思维和行为潜能。无论是在《著作权法》中还是相关司法解释等法律规制中均无对创意的保护规定，也无涉及创意的调整条文。

6. 创作和创意的关系

创作是作者将自己的思想感情及对客观世界的认识，通过语言文字、符号、图片等形式进行智力创造的活动，如小说创作、电影创作、绘画创作、动漫创作等。创意是具有新颖性和创造性的想法。创意是创作的灵魂和思想，创作是创意的最终表达。如果创意没有最终通过创作形成著作权法意义上的作品，是不能得到法律保护的。创意如某个想法，或非通过可复制的形式呈现出来的，如商业经营模式，体现的是一种经营方法，这种方法本身不受著作权法保护，但是方法以文字的形式呈现出来，就是创作，所呈现出的文字则受到著作权法保护。当然，目前一些文化工作者对创意的定义也在变化，这种变化主要在于创意的定义与创作的定义趋同。事实上，实践中也经常将创作的形式用创意来表述，所以二者的区分也变得模糊，但是在法律语境下，二者呈现出的意思完全不同，二者无法混同或同用。

7. 什么是盗版

盗版是指在未经版权所有人同意或授权的情况下，对其拥有著作权的作品、出版物等进行复制、再分发的行为。在绝大多数国家和地区，此行为被定义为侵犯知识产权的违法行为，甚至构成犯罪，会受到所在国家的处罚。盗版出版物通常包括盗版书籍、盗版软件、盗版音像作品及盗版网络知识产品等，盗版所直接呈现的行为是未经著作权人同意直接对其拥有著作权的作品、出版物等进行复制，并进行销售。盗版与一般意义上的侵权存在区别，盗版属于侵权行为，但其呈现出的侵权行为是极为严重的，所承担的法律责任亦与一般的侵权行为不同，一般的侵权行为人仅承担民事法律责任，不承担行政或刑事法律责任，但盗版达到一定的数量或情节达到一定的严重程度，侵权人不仅承担民事法律责任，同时承担行政和刑事法律责任。2010年《著作权法》并未在相关法条中使用"盗版"一词，但是该法第四十八条规定了未经著作权人许可的复制、发行行为应承担停止侵权、消除影响、赔礼道歉、赔偿损失等民事法律责任，该条款是对于盗版承担的法律责任的规定。从《著作权法》本条所规制的内容来看，盗版即指未经著作权人许可的复制发行或出版行为。需要指出的是，出版即是复制发行。

8. 著作权包含哪些权利

著作权即是版权，著作权的权利内容是著作权制度中核心的部分，是指著作权人基于作品所享有的各种人身权利和财产权利。

著作人身权，具有永久性、不可分割性和不可剥夺性的特点，著作权中的人身权包括发表权、署名权、修改权和保护作品完整权。人身权具有不可交易性特点，但可以限制使用。享有著作权的作者死亡后，其著作权中的署名权、修改权和保护作品完整权由作者的继承人或受遗赠人保护。著作权无人继承又无人受遗赠的，其署名权、修改权和保护作品完整权由著作权行政管理部门保护。

著作财产权，又称经济权利，是指著作权人自己使用或者授权他人以一定方式使用作品而获得物质利益的权利。著作财产权包括复制权、表演权、发行权、展览权、广播权、改编权、翻译权、汇编权、摄制权、出租权、信息网络传播权、放映权等财产性权利。不同于著作人身权，著作财产权可以转让、继承或放弃，但受时间等因素限制。超过一定期限的著作财产权，法律将不予保护，即超过一定期限，这些作品进入公有领域，任何人无须经过著作权人同意都可以使用，且使用的方式不受任何限制，但是这种使用需要在尊重作者人身权基础上进行，不得对作者所享有的人身权产生任何损害。

9. 计算机软件著作权包含哪些权利

计算机软件是指计算机系统中的程序和文档，程序是计算任务的处理对象和处理规则的代码，文档是为了便于理解程序所需要的阐明性资料。程序必须装入硬件设备中才能使用，文档是关于如何使用程序的文字描述。计算机软件著作权不同于一般作品著作权。依据《著作权法》的规定，计算机软件的保护办法由国务院另行规定。计算机软件属于著作权法中的一个作品类别，自然也适用于著作权法并受其保护。计算机软件的保护体现在对软件著作权权利的保护，软件作品不同于一般作品，权利内容亦存在差异。《中华人民共和国计算机软件保护条例》（以下简称《计算机软件保护条例》）规定，软件著作权人享有下列各项权利。

（1）发表权，即决定软件是否公之于众的权利；

（2）署名权，即表明开发者身份，在软件上署名的权利；

（3）修改权，即对软件进行增补、删节，或者改变指令、语句顺序的权利；

（4）复制权，即将软件制作一份或者多份的权利；

（5）发行权，即以出售或者赠与方式向公众提供软件的原件或者复制件的权利；

（6）出租权，即有偿许可他人临时使用软件的权利，但是软件不是出租的主要标的的除外；

（7）信息网络传播权，即以有线或者无线方式向公众提供软件，使公众可以在其个人选定的时间和地点获得软件的权利；

（8）翻译权，即将原软件从一种自然语言文字转换成另一种自然语言文字的权利；

（9）应当由软件著作权人享有的其他权利。

软件著作权人可以许可他人行使其软件著作权，并有权获得报酬。软件著作权人可以全部或者部分转让其软件著作权，并有权获得报酬。计算机软件出租权是软件作品重要的财产性权利，我国知识产权保护法律制度对软件作品专门进行立法保护，主要体现在《计算机软件保护条例》中。

10. 著作权是如何获得的

著作权是自动产生的，无须经过任何方确认或登记。依据《著作权法》的有关规定，我国著作权是基于作品创作完成取得的。各国著作权法因其立法理念的差异，对于著作权取得方式的规定迥然不同，主要分为注册取得和自动取得两种方式。著作权的注册取得，是指以登记注册作为取得著作权的条件，又称为"有手续主义"。著作权的自动取得，是指当作品创作完成时，作者因进行了创作并完成而自动取得作品的著作权，不再需要其他任何手续。这种获得著作权的方式被称为"自动保护主义"。

我国著作权的获得方式属于自动取得，《著作权法》规定，中国公民、法人或者非法人组织的作品，不论是否发表，依照本法享有著作权。外国人、无国籍人的作品根据其作者所属国或者经常居住地国同中国签订的协议或者共同参加的国际条约享有的著作权，受本法保护。外国人、无国籍人的作品首先在中国境内出版的，依照本法享有著作权。未与中国签订协议或者共同参加国际条约的国家的作者以及无国籍人的作品首次在中国参加的国际条约的成员国出版的，或者在成员国和非成员国同时出版的，受本法保护。

基于上述法律之规定，由于作者的国籍不同，其著作权受到保护的时间也不相同，对于中国公民、法人或非法人组织创作完成的作品，无论是否发表均自创作完成就可获得保护。对于外国人或无国籍人的作品首先在中国境内出版的，可以获得著作权保护；或作者所在国籍国与中国是国际条约的共同成员国或有相关协议的，可获得著作权保护。否则不会获得中国著作权保护。

11. 作者何时开始享有著作权

依据《著作权法》的有关规定，著作权自作品创作完成就已产生，是自动产生，无须履行相关手续。作品创作完成后是否发表并非取得著作权的条件，创作完成后可以发表，也可以不发表。《著作权法实施条例》第六条规定，著作权自作品创作完成之日起产生。作者享有著作权是基于创作作品完成这一条件而产生，是法定权利，只要作者基于自身的智力活动创作出作品，且形式不论，作者即自创作完成就开始享有对所创作作品的著作权。

12. 著作权法不予保护的作品有哪些

并非所有的作品都给予法律保护，考虑到广泛传播的问题，一些作品不适用《著作权法》保护，《著作权法》第五条规定："本法不适用于：（一）法律、法规，国家机关的决议、决定、命令和其他具有立法、行政、司法性质的文件，及其官方正式译文；（二）单纯事实消息；（三）历法、通用数表、通用表格和公式。"法律、法规或具有立法、行政、司法性质的文件，这些文件虽属于作品，但考虑到其具有公共性质及需要广泛传播，所以不给予著作权法律保护，同时这些文件体现的是国家意志性，具有公共属性特点，给予保护将会妨碍国家意志的扩展，降低它的传播范围。法律、法规等属于适用于国家地域内的全体社会成员或拥有该国国籍的公民及公司的规则，本身需要更为广泛地传播，这些规则体现的是公众对社会管理的要求。为满足社会公众对单纯事实消息的知情需要，鼓励大家广泛传播，故不予保护。通用数表等属于大家公用的材料，故不予保护。

13. 什么是时事新闻

《著作权法实施条例》第五条第（一）项对实施条例中的"时事新闻"给出了定义，时事新闻是指通过报纸、期刊、广播电台、电视台等媒体报道的单纯事实消息。由于当前传播形式的变化，网站也属于重要的传播途径，一些网站传播的信息量远大于传统媒体的传播量，比如我们看到的新华网、中国政府网、中国人大网等网站，这些网站承担了大量政府信息发布工作，对于大量政府及人民代表大会公布的信息予以首次传播，所以传播的媒体也包括网站媒体。虽然这些网站并非法律意义上的媒体，但事实上承担了新闻信息传播媒介的作用。这些网站发布的单纯事实消息属于时事新闻。在实践中往往很难区分何为时事新闻，时事新闻的特点是单纯的事实消息，但单纯的事实消息往往是不存在的。因为，在撰写时事新闻时记者或撰写者个人往往会加入自己对此事实的独创性的描述，所以将这种含有新闻信息的文章鉴定为时事新闻变得极为困难。

14. 时事新闻是否受著作权法保护

时事新闻的目的在于使公众获知事情真相，并迅速地让公众知晓事实。其内容单纯反映客观事实的存在，无须更多的创造性劳动，因而不属于著作权法保护的作品范围。

《著作权法》第五条第（二）项也明确规定了著作权法不适用于单纯事实消息的保护。正如上一个问题所提到的，什么是时事新闻？时事新闻是指报纸、期刊、广播电台、电视台等媒体报道的单纯事实消息。目前来看，很少有消息是单纯的事实消息，所以将一些涉及单纯事实消息的新闻确定为时事新闻变得极为困难。可以肯定的是，时事新闻不受著作权法保护，这是国际通行做法，我国亦参照国际通行做法规定了时事新闻不适用著作权法保护的通行规则。

需要特别注意的是，时事新闻虽不属于著作权法保护的作品，但是在使用中也要注明出处。2002年10月15日起施行的《最高人民法院关于审理著作权民事纠纷案件适用法律若干问题的解释》第十六条规定，通过大众传播媒介传播的单纯事实消息属于著作权法第五条第（二）项规定的时事新闻（2020年修订的《著作权法》第五条第（二）项将原"时事新闻"修订为"单纯事实消息"）。传播报道他人采编的时事新闻，应当注明出处。

15. 什么是官方译文

官方译文是指关于法律、法规和国家机关的决议、决定、命令以及其他具有立法、行政、司法性质的文件及其官方正式译文。官方译文的主要特点是制定主体的特殊性，如全国人民代表大会及常务委员会、国务院及国务院各部委、人民法院和人民检察院等。另外，文件的内容往往具有对不特定主体的适用性，当然判决书具有针对性，判决书是法院针对某个案件做出的判决，是由法官代表国家所形成的具有约束力的司法文件，所针对的仅是原告和被告及相关的当事人。官方译文往往具有约束力，如国务院做出的决定、地方政府发布的决定等。官方译文自然涵盖法律、法规、规章等文件，这些文件一旦公布，即对于所有人来说均具有强制力，须依据相关法律、法规、规章等来行事，不能超越，这是法律、法规、规章具有的特性。此外，发布的具有普遍约束力的决定，如交通限行的决定等，均属于官方译文。

16. 官方译文是否受著作权法保护

官方译文体现的是国家和政府的意志，不属于任何个人智力创作成果，因而不适用著作权法保护。《著作权法》第五条第（一）项明确规定，本法不适用于法律、法规，国家机关的决议、决定、命令和其他具有立法、行政、司法性质的文件，及其官方正式译文。并非所有的官方文件均不受著作权法保护，只有具有立法、行政、司法性质的文件，才不适用著作权法保护，对于行政机关主编的相关作品，如北京市高级人民法院组织法官编写的判例，不属于不受著作权法保护的客体，判例本身不适用著作权法保护，但是将众多案例汇编成书的行文，显然属于著作权法意义上的创作行为，基于这种行为所汇编的作品，适用著作权法保护。当然，这类作品属于汇编作品，应按照汇编作品予以保护。同样，对于全国人民代表大会常务委员会汇编的法律释义显然不属于不适用著作权法保护的作品，因为它也属于汇编作品。因此，对于官方译文，是否受著作权法保护，要根据作品的形式综合判断。

17. 历法、通用数表、通用表格和公式是否受著作权法保护

中国著作权法保护的核心，是保护具有独创性的作品，对于通用的作品不适用该法保护。历法是数千年以来人们确定时令、日期最为重要的材料，这些材料是基于古人智慧而形成的，属于全社会共有的财富，也是全社会不可缺少的财富。通用数表是人们在学习及使用中不可缺少的数表，如乘法口诀表。通用表格是人们在制作相关材料时常用的表格，如基本的横列表、缺乏独创性的人口信息统计表等。公式体现的是得出某种结果的公式，如数学公式，这属于公用的公式，属于得出某种结果必然使用的公式。我国著作权法在历法、通用数表、通用表格和公式的著作权保护方面做出明确规定。《著作权法》第五条第（三）项规定，历法、通用数表、通用表格和公式不适用于《著作权法》保护。这是由于历法、通用数表、通用表格和公式已经进入公用领域，是人类的公共财产，其本身是为了让社会加以运用并推进社会发展，因而不适用《著作权法》保护。

18. 受著作权法保护的作品有哪些

依据《著作权法》有关规定，并非所有的作品都受著作权法保护，正如《著作权法》规定对于单纯事实消息等不适用著作权法保护，但是除此之外，

具有独创性并可以复制的作品即可获得《著作权法》保护。《著作权法》第三条规定，著作权法所称的作品包括文字作品、口述作品、音乐作品、戏剧作品、曲艺作品、舞蹈作品、杂技艺术作品、美术作品、建筑作品、摄影作品、视听作品、图形作品、模型作品、计算机软件和符合作品特征的其他智力成果。这仅是列举了受著作权法保护的作品形式，随着时间的推移、作品形式的不断演变，未来作品的形式可能不仅限于上述作品形式。

19. 什么是文字作品

文字作品，是指小说、诗词、散文、论文等以文字形式表现的作品，如小说、剧本、产品说明等。文字作品是最为常见的作品形式。自人类会写字以来即以文字的形式记载相关信息或事件，文字亦是传递信息的重要方式，是实现表达内容的重要载体。人们在日常的交流过程中，一般是口头表达，但口头表达无法被记录下来，过后人们很难清楚记得口头表达的内容，所以就通过文字来表达，以文字作品这种形式来记录所要传递的信息。这是人们最为常用的一种信息传递方式，通过文字形式将表达记录下来的作品就是文字作品。

20. 什么是口述作品

口述作品亦称口头作品，是指即兴的演说、授课、法庭辩论等以口头语言创作，未以任何物质载体固定的作品。事实上口述作品也需要记录下来，但不限以什么形式记录，如可以以录音或录像的形式记录下来，也可以将其转化成文字记录下来。口述作品的呈现形式往往具有即时性，如随性的即时口头演讲。口述作品是我们日常生活中最为常见的也是最容易产生的作品。口述作品被录制在载体上或转化成文字，可以同时以录音制品和文字作品的形式获得保护。

21. 什么是音乐作品

音乐作品，是指歌曲、交响乐等能够演唱或者演奏的带词或者不带词的作品，如歌曲《在那桃花盛开的地方》《梁祝》《凉凉》等。音乐作品是比较常见的作品形式，自古就有，它体现的是通过某种音乐符号传递音乐信息，供人们欣赏。乐曲或歌曲即是音乐作品，较为常见的如新闻联播开播前的一段音乐、电视剧中所播放的音乐等，这些都属于音乐作品。我们自己哼唱小曲并录制下来，所哼唱的小曲也属于音乐作品。总之，能够产生声音，且连贯地传递音乐信息的就可以认为是音乐作品。

22. 什么是戏剧作品

戏剧作品是指将人的连续动作同人的说唱表演和表白有机地编排在一起，并通过表演来反映某一事物变化过程的作品。戏剧作品的形式多种多样，比如话剧、京剧、歌剧、地方戏等。戏剧作品与音乐作品在某些方面具有一定的共性，如一般都有音乐。戏剧作品往往基于人的表演与音乐的结合，是人在表演中通过口说或唱产生故事的一种表演形式。戏剧作品古之既有，是我国文化传承的重要载体，对中华文化传承起到了非常重要的作用。《著作权法实施条例》所称的戏剧作品是指话剧、歌剧、地方戏等供舞台演出的作品。

23. 什么是曲艺作品

曲艺作品，是指相声、快书、大鼓、评书等以说唱为主要形式表演的作品。大家耳熟能详的如单田芳的评书、刘宝瑞的相声，这些均属于曲艺作品。曲艺是中华文化中各种说唱表演形式的统称，它是由民间口头艺术和歌唱表演经过长期的演变而形成的一种独特的文化艺术。曲艺作品的表现形式多种多样，据有关统计数据显示，目前中国民间的曲艺种类不下400个。随着时间的推移，曲艺艺术作品也在不断地演化，如山东快书用老调新词演绎出新的作品形式。通过曲艺表演这种形式说出事件，或传递出某种信息。

24. 什么是舞蹈作品

舞蹈作品，是指通过连续的动作、姿势、表情等表现思想情感的作品。表演者在舞蹈中配合音乐形成的连贯性动作，呈现出来的是视觉的感知，基于连续动作呈现出一种艺术美感，具有独创性，并可以固定在某种载体上的舞蹈即舞蹈作品。舞蹈作品中的动作具有一定的技艺性，通过演员的肢体动作，如跳跃、旋转、翻腾等高难度的技巧能力，来表现人物的思想情感，塑造人物的个性，呈现出一系列美的、连贯的动作和情感表达。比如，《千手观音》就是通过数十位演员的手部肢体语言结合身体的动作所呈现出来的舞蹈作品，这部作品的独创性表达及其呈现出的美感和震撼力使其成为当代著名的舞蹈作品。

25. 什么是杂技艺术作品

杂技艺术作品，是指杂技、魔术、马戏等通过形体动作和技巧表现的作品。杂技艺术作品不同于一般作品，需要借助于人与物或动物的结合，呈现出来的是对某一事物的惊现和刺激。杂技通常亦称"杂伎"，包括柔术、车技、口技、走钢丝、变戏法、舞狮子、驯虎表演、爬竿、顶竿、鳄鱼表演、高空吊环表演等。不同的杂技呈现出不同的表达形式，一些杂技动作技艺极高。例如，《独异志》中记载，一位女性杂技表演者能够头顶长竿载18人来回走动，这类杂技从古至今极为少见。再如，舞中幡杂技，是一种既需要技巧又需要力量的杂技形式，中幡是一根10米长的粗竿，竿顶悬挂着一面长条锦旗，舞弄时色彩和声音都很美。抖空竹杂技在北京一些公园较为常见，现在民间部分玩者已将抖空竹作为一项健身运动。可以说，中国的杂技历史悠久，杂技艺术已成为中华民族珍贵的文化财产。

26. 什么是美术作品

美术作品，是指绘画、书法、雕塑等以线条、色彩或者其他方式构成的有审美意义的平面或者立体的造型艺术作品。美术通常意义上来讲是指占有一定的平面或空间，且具有美的视觉效果的艺术。"美术"一词早在17世纪就已开始使用，于20世纪20年代传入中国，并被普遍使用。绘画作品是美术作品中的重要类别，按题材来划分，可分为人物画、风景画、动物画等；按工具材料来划分，可分为水墨画、油画、版画、水彩画、水粉画等。由于美术作品形式不同，且具有历史传统的差异，不同的美术作品有其不同的表现形式和审美特征。徐悲鸿的《马》、齐白石的《虾》都属于美术作品。书法作品亦属于美术作品，具有独特的美的特征。在著作权法中美术作品主要涵盖的是绘画作品、书法作品等。

27. 什么是建筑作品

建筑作品，是指以建筑物或者构筑物形式表现的有审美意义的作品。建筑是用泥土、砖瓦、钢材等材料构成的空间，如住宅、桥梁、厂房、体育馆，北京的国家大剧院、国家体育场（鸟巢）、国家游泳中心（水立方）等均属于建筑作品，这些大型建筑具有独特的美的建筑风格。广义的建筑也包括景观、园林等，如圆明园、大观园、颐和园等园林建筑。坚固、实用、美观是建筑所特有的标准，但是无论何种建筑作品，它所呈现出来的一定是具有独创性，能够体现美的价值。建筑作品自古就有，可以说人类自诞生以来，就利用自身的智慧在创作建筑作品，如早期原始人开凿的用于居住的山洞，人类凿挖的窑洞，这种窑洞在山西和陕西地区普遍存在，现在依然存在。可以说，建筑无时无刻不存在于人类的社会生活中，但是受著作权法保护的建筑作品一定要具有独创性。

28. 什么是摄影作品

摄影作品，是指借助器械在感光材料或者其他介质上记录客观物体形象的艺术作品。摄影作品是摄影师或业余爱好者结合灵感，通过摄影技术等对自然、人物等客观事物进行描绘并供人欣赏的艺术作品。"摄影"一词源于希腊语，是指使用专门设备进行影像记录的过程。摄影是把一些日常稍纵即逝的事物转化为永不消失的视觉图像。摄影技术产生之初，是用机械照相机摄影，但是随着摄影技术的不断更新，现在绝大多数人选择使用数码摄影，可以说数码摄影已经取代了传统的机械摄影。数码摄影的诞生完全颠覆了传统摄影行业，数码摄影是用电子元器件代替胶卷作为感光材料将所拍摄的物体记录下来，并以数码形式保存在储存卡中。我们所用的手机都具有摄影功能，包括拍照功能和摄像功能，个别手机的摄影功能甚至可以与专业摄影设备媲美，我们每个人都可以成为摄影作品的作者。

29. 什么是电影作品和以类似摄制电影的方法创作的作品

电影作品和以类似摄制电影的方法创作的作品，是指摄制在一定介质上，由一系列有伴音或者无伴音的画面组成，并且借助适当装置放映或者以其他方式传播的作品。电影是由摄像技术形成的一种连续影像画面，是一种视觉和听觉融合的艺术感知，是融合了戏剧、摄影、绘画、音乐、舞蹈、文字、建筑、美术等多种艺术形式的综合体。电影是一种视觉和听觉艺术作品，利用胶卷录像或数字设备将外在存在的事物录制下来，并通过后期编辑加工生成可欣赏的艺术作品。电影作品产生于19世纪末期的一个偶然事件。1872年，美国人斯坦福与科恩争论马在奔跑中是四蹄腾空还是一蹄着地，两人争执不下，于是请来英国摄影师爱德华·麦布里奇裁决。麦布里奇在跑道上布置了24台照相机，将其排成一排，又在另一侧打了24根木桩，并将木桩与照相机快门用细线连接起来。马在奔跑时依次把24根线绊断，24个照相机依次拍下照片。麦布里奇依次将这些照片连接起来，经过对比发现马在奔跑时是四蹄腾空。这种奇特的方法引起了人们的注意，麦布里奇多次展示奔马的照片，一次，一个人无意识地快速牵动照片带，结果照片中的马叠成一匹运动的马"奔跑"起来，这就是最早的电影雏形。现在的电影作品制作更为复杂，特别是制作一部精良的电影作品所投入的财力、物力巨大，当然电影作品的回报也很高。类似电影创作方法创作的作品通常来讲即是类电作品，如现在在各视频网站所看到的小视频、纪录片、文艺片、新闻音视频等。类电作品是采用类似电影制作的方法完成的作品，但是并非与制作电影方法完全相同的方式。制作电影作品需要有演员、导演，有制作、剧本、剧务等，但是类电作品制作并不需要具备这么多条件。无论是电影作品还是类电作品，法律上都对其版权予以保护，在保护力度方面，也并非电影作品必然高于类电作品，事实上，有些类电作品的价值可能极高，其获得的保护力度可能超过个别电影作品。

30. 什么是图形作品

图形作品，是指为施工、生产绘制的工程设计图、产品设计图，以及反映地理现象、说明事物原理或者结构的地图、示意图等作品。图形是指在一个二维空间中用轮廓划分出的空间形状，即由计算机等设备或以手用工具绘制的直线、圆矩形、曲线、图标等形状。图形主要用于工业设计中，如工程设计图、建筑设计图、汽车设计图等工业品设计。需要注意的是，在社会实践中人们会将图形和图像做相同认知。事实上，图形和图像是有差别的，二者不能混同。如上所述，图形是指绘制的画面，如直线、圆、任意曲线、图标等，而图像是指由相关摄影设备捕捉的实际画面或以数字形式存储的画面。图形作品与图像作品在作品形式方面存在差异，两类作品由于创作的形式不同，故在法律上的定义也不相同，但是作为具有独创性的作品，两类作品均会获得著作权法保护，这也是毋庸置疑的。需要特别注意的是，对于图形作品构成的条件，并非简单绘制图形，如简单的圆或直线等，这些绘制简单的图形并非法律意义上受保护的作品,受保护的图形作品必须具有独创性;反之亦然。

31. 什么是模型作品

模型作品,是指为展示、试验或者观测等用途,根据物体的形状和结构,按照一定比例制成的立体作品。模型是依照实物的形状和结构按比例制成的物体,如房地产公司的售楼处里的房屋建筑模型、展览会里的飞机模型、船舶模型等实物模型。一般意义上来讲,模型是人们依据参照展示等的特定目的,在特定的条件下再现原型物体的结构、功能、属性关系、过程等本身特征的物质形态。著作权法意义上的模型作品,通常是指实物模型,并不涵盖非实物模型。在实践中,使用到"模型"一词的领域极为广泛,比如数学模型、人力资源模型,这些均是非实物所使用的模型概念,并非模型作品中的模型,其与著作权法意义上的模型作品存在本质上的不同。当然,如今的工业模型并非那么简单,所涉及的产品包括数码产品、家用理疗产品、大型机械模型和工程模型等模型实物,一些模型规模庞大,工艺系数极高。模型作品仅指实物模型,只有具有独创性的实物模型作品才属于著作权法上予以保护的作品。

32. 什么是与著作权有关的权利

与著作权有关的权利又称"邻接权",即作品传播者所享有的专有权利。《著作权法》规定,邻接权包括出版者权、表演者权、录音录像制作者权、广播组织权。

"邻接权"一词译自英文 neighboring right,又称"作品传播者权",即指作品传播者对其传播作品过程中所做出的创造性劳动和投资所享有的权利。邻接权在欧洲大陆法系国家使用较多,我国的法律体系属于大陆法系体系,"邻接权"一词在著作权领域中使用极广。在英美法系国家,著作权法中很少引入"邻接权"的概念。例如，英国著作权法将录音制作者权视为著作权，将广播电视组织权也视为著作权；在美国著作权法中录音制作者权属于著作权范畴。

邻接权是传播作品中所产生的权利。在传播作品中传播者有创造性劳动，创造性劳动会受到著作权法保护，这是版权制度的核心。传播者传播作品而产生的权利被称为著作权的邻接权。邻接权与著作权密切关联，但又独立于著作权，属于一项独立的权利。关于邻接权的国际公约有《保护表演者、唱片制作者和广播组织的国际公约》《保护唱片制作者防止唱片被擅自复制公约》《关于播送由人造卫星传播载有节目的信号的公约》。

第二节　著作权人及权利归属

33. 著作权人有哪些

著作权人又称为著作权主体，是指依据著作权法有关规定对文学、艺术和科学作品享有著作权的法律主体。著作权主体可以是公民、法人或非法人组织，在一定情况下，国家也可能成为著作权主体。著作权人一般分为原始取得著作权的法律主体和继受取得著作权的法律主体。原始著作权主体是指直接创作作品的公民或非公民法律主体。该权利主体享有完整的著作权权利，即著作权法规定的著作人身权和著作财产权均享有。继受著作权主体是指通过继承、受让、受赠等法律规定的形式取得著作财产权的公民或非公民法律主体。该权利主体所享有的著作权权利仅限于财产权，但是对于著作人身权有维护的权利，包括被侵权情况下的维权权利。

《著作权法》第十一条规定，著作权属于作者，本法另有规定的除外。创作作品的自然人是作者。由法人或者非法人组织主持，代表法人或者非法人组织意志创作，并由法人或者非法人组织承担责任的作品，法人或者非法人组织视为作者。如无相反证明，在作品上署名的公民、法人或者非法人组织为作者。

34. 对作品享有著作权的主体有哪几类

著作权主体的分类，根据不同情况，分类也不尽相同。根据著作权主体的法律属性不同分为自然人法律主体和非自然人法律主体。自然人法律主体是指人，无论年龄大小或性别等均属于自然人法律主体。非自然人法律主体是指公司或其他组织，包括政府部门等具有组织形式的机构。根据取得著作权的性质不同，著作权主体可以分为原始著作权主体与继受著作权主体。原始著作权主体即是直接创作作品的作者，继受著作权主体是通过合同等方式取得著作权权利的法律主体。完整著作权主体与部分著作权主体，是全部权利取得和部分权利取得的差异。内国著作权主体与外国著作权主体，在于著作权主体的国别性质不同，属于中国公民或公司的即为内国著作权主体，属于非中国国籍的公民或公司的即为外国著作权主体。这里需要特别注意的是，涉及香港地区、澳门地区和台湾地区的均属于非内国著作权主体。

35. 改编、翻译、注释、整理作品进行出版是否需要得到原著作权人的许可

改编、翻译、注释、整理他人作品而产生的作品属于演绎作品。《著作权法》第十三条规定，改编、翻译、注释、整理已有作品而产生的作品，其著作权由改编、翻译、注释、整理人享有，但行使著作权时不得侵犯原作品的著作权。该法第十六条规定，使用改编、翻译、注释、整理、汇编已有作品而产生的作品进行出版、演出和制作录音录像制品，应当取得该作品的著作权人和原作品的著作权人许可，并支付报酬。

改编是指在不改变作品基本内容的情况下将作品由一种类型改变成另一种类型。例如，将小说改编为影视剧剧本、电影、电视剧，将儿童故事改编为影视动画片，且尊重了已有作品的基本情节和故事内容；将钢琴音乐作品改编为民乐或摇滚音乐，既保持了原作品的核心旋律，又对音乐作品做出了创造性改变。改编作品既保持了作品的核心内容，又有了新的变化，这种新的变化体现了改编者对于改编行为所享有的权利。

翻译是将作品由一种语言转化成另外一种语言，如将中文转化成英文，

将日文转化成韩文，等等。翻译作品所呈现出的内容、情节和结构等与原作品的内容、情节和结构等均保持一致，无非是语言不同，只是将原来的语言文字转化成另外一种语言文字。翻译者对翻译作品做出了创造性劳动，应当享有翻译作品的著作权。

注释是指对原作品进行注释、释义和阐明。并非所有的作品都需要注释，注释的作品往往是人们用常规语文知识无法看懂的作品，如文言文、古文及一些专业性的作品，这些作品一般不易阅读理解，需要加以注释，用通俗的语言准确地表达出原作品的含义。我们现在学习的古文基本上都是通过注释来实现对原作品的理解，比如《论语》的注释等。注释作品表达的是原作品中的内容，注释者付出了创造性劳动，应对注释作品享有著作权。

整理是指对一些凌乱的作品或材料进行归纳、删减、组合、编排，经过加工梳理成可阅读的作品。著作权法释义中列举了整理作品应具有的特征：①整理他人作品，而非自己的作品；②被整理作品一般是未出版作品；③已有作品的内容确定，只需按一定逻辑结构整理，并非对作品内容的修改，也非对作品表达形式的改编。整理作品的目的在于出版，并便于公众阅读，整理者对于整理作品付出了创造性劳动，应该享有著作权。

演绎作品和原作品的作者一样独立享有著作权。对已有作品的改编、翻译、注释、汇编等权利属于著作权中的财产权内容，著作权人可以许可他人行使并获得报酬。因此，改编、翻译、注释、整理他人作品进行出版应当得到原著作权人的许可。

36. 两人以上合作创作完成的作品如何使用

由两人以上共同创作的作品是合作作品。《著作权法》第十四条规定，两人以上合作创作的作品，著作权由合作作者共同享有。没有参加创作的人，不能成为合作作者。合作作品可以分割使用的，作者对各自创作的部分可以单独享有著作权，但行使著作权时不得侵犯合作作品整体的著作权。《著作权法实施条例》第九条规定，合作作品不可以分割使用的，其著作权由各合作作者共同享有，通过协商一致行使；不能协商一致，又无正当理由的，任何一方不得阻止他方行使除转让以外的其他权利，但是所得收益应当合理分配给所有合作作者。该条例第十四条规定，合作作者之一死亡后，其对合作作品享有的著作权法第十条第一款第五项至第十七项规定的权利无人继承又无人受遗赠的，由其他合作作者享有。

判断合作作品的要素是创作作品的作者数量，判断的时间点应以创作完成时作为时间点，实践中，合作作品引起的纠纷一般较为复杂，而法律关于合作作品规定较少，发生纠纷后，在处理过程中不同的法院会存在不同的司法判断；但是无论何种情况，在使用过程中应遵循共同使用原则及非正当理由不得阻碍使用原则，且无论使用如何，所获取的利益应当合理分配给所有合作作者。此外，合作作者一方死亡的，其著作权在无人继承的情况下归属于其他合作作者。

合作创作行为是指合作创作同一作品形式的行为，如创作同一语言的文字作品。一些合作创作行为，未必是合作作品，比如两人合作，一人负责中文文字作品的撰写创作，另一人负责将其翻译成英文。这种情况虽然二人有合作及分工，但是所创作的作品并非合作作品。其中一人享有中文文字作品的著作权，另一人享有翻译成英文文字的演绎作品的著作权，二者的权利性质不同，不能认定为合作作品，自然在使用中也无须依照合作作品使用之规定处理。这里需要特别留意的是，合作作者必须是合作参加创作，参加创作在《著作权法》释义中是指对作品的思想观点、表达形式付出了创造性的智力劳动，或者构思策划，或者执笔操作。如果没有对作品付出创造性的劳动，就不能成为合作作者，该作品自然不属于合作作品。

37. 什么是汇编作品

汇编作品，是指汇编若干作品、作品的片段或者不构成作品的数据或者其他材料，对其内容的选择或者编排体现独创性的作品。汇编作品的著作权由汇编人享有，但行使著作权时，不得侵犯原作品的著作权。这是《著作权法》第十五条规定的内容。

汇编作品是将两个以上的作品、作品的片段、数据或其他材料汇编成具有独创性的新作品，如《中国大百科全书》《四库全书》及期刊、报纸等。汇编者在汇编作品中付出了创造性劳动，应当享有著作权。如果仅是简单地对文章等材料进行拼凑，缺乏创造性的劳动，那么显然不构成新作品，也不是汇编作品。

在汇编作品的创作中，汇编人如果是将他人作品汇编，则应当取得原作品著作权人的同意并且支付报酬，同时要尊重原作品著作权人的人身权。汇编已经过期的作品的，无须经过原作者同意，但是应当尊重原作者的人身权。汇编作品中可以单独使用的部分，作者有权单独使用，无须取得他人授权同意，但是单独使用不得损害汇编作品的整体著作权。

38. 数据库是否属于汇编作品，是否受著作权法保护

法律意义上的数据库，是指按照特定的顺序或方法排列，并具有相互联系的数据信息的集合体。对数据库进行著作权法保护，不同于传统的汇编作品著作权法保护，数据库受到保护的条件不受组成数据库的材料必须具有著作权的限制，而只要求数据库在组成材料的选择或编排上具有独创性。一般来讲，数据库可分为电子数据库和印刷品数据库。前者是指按照一定数据模型在计算机系统中组织存放和使用的数据集合体；后者是指以传统印刷媒介为载体所表现出来的数据集合体，如案例汇编。数据库作品是根据一定的标准挑选的经过系统整理并存储到可以被提取的计算机系统内的一整套信息资料，数据库可以存储于服务器或硬盘中，当然，现在的数据库基本上存储于服务器中。数据库所存储的资料包括作品或非作品资料，由于数据库的汇编体现了汇编人的创造性劳动，同时，一些数据库的建立需要投入大量的财力和物力，因此数据库属于汇编作品，应受到著作权法保护。

39. 电影作品著作权归谁所有

电影作品是指摄制在一定物体上，由一系列有伴音或无伴音的画面组成，并且可以借助适当装置放映、播放的作品。对于电影作品著作权的归属，各国法律规定不尽相同。

《著作权法》第十七条规定，视听作品中的电影作品、电视剧作品的著作权由制作者享有，但编剧、导演、摄影、作词、作曲等作者享有署名权，并有权按照与制作者签订的合同获得报酬。

创作电影作品是一件非常复杂的、系统的工程，要有编剧、导演、演员、特技、美工、剧务、布景等，摄制电影投入的资金量巨大，最为重要的是需要统筹及投入巨额资金的制作人。没有制作人统筹并承担电影拍摄所可能带来的失败风险，一部电影是无法创作完成的，当然，现在有大量的投资人，投资人与制作人可能是同一主体或投资人只享有发行放映带来的商业利益收益。当然，目前国际上大多数国家采取归属制作人的法律制度。例如，美国、日本，在电影作品的著作权归属上均规定归属于制作人，但是在大陆法系国家，如法国，由制作人制作的电影作品的著作权首先归属于编剧、导演、摄影等作者而不是制作人，而制作人的权利是从电影作品的编剧、导演、摄影作者转让而来的。

总之，电影作品的著作权归属制作人，这将有利于电影作品的创作，更有利于电影作品的商业转化，《著作权法》第十七条规定电影作品著作权归属于制作人。

40. 电影作品和类电作品中的剧本、音乐的作者是否有权单独行使著作权

首先要看剧本、音乐作品的作者是否与制作方签署合同，当然，一般情况下会签署相关合同，合同中所约定的内容，如果约定制作方仅有使用的权利，而无作品版权所有的权利，则版权归属作者所有；反之亦然。《著

作权法》第十七条第三款明确规定，视听作品中的剧本、音乐等可以单独使用的作品的作者有权单独行使其著作权。这一规定是在双方没有约定权利归属的情况下依照执行的。如上所述，双方在剧本创作或音乐作品合同中约定了著作权中的财产权归属制作人，则剧本和音乐作者无权使用。

41. 使用他人作品摄制电影或类电作品是否可以对作品进行必要的改动

根据《著作权法实施条例》第十条的规定，著作权人许可他人将其作品摄制成电影作品和以类似摄制电影的方法创作的作品的，视为已同意对其作品进行必要的改动，但是这种改动不得歪曲篡改原作品。授权改编为电影作品或类电作品，要进行必要的改动，改编的幅度或范围多大才属于必要的改动，这个问题在实践中极为常见，在司法处理中也会存在不同的认识。例如，某电影作品侵犯著作权纠纷案，该案一审法院和二审法院对"必要性改动"的理解截然不同。这也说明，对同样的问题，由于缺乏统一的判断标准，自然存在司法认定的差异化，事实上，这也很难在法律层面予以明确。因为这种判断，是基于人的主观认识，不同背景或不同生活经历的人，对同一事实的理解也必然存在差异。这也必然导致在理解"必要的改动"时存在一定差异。当然，必要的改动的判断取决于是否构成对保护作品完整权的突破，如无，则在必要改动的范围内；反之亦然。

42. 单位对工作人员完成的作品是否享有著作权

单位对工作人员完成的作品是否享有著作权要视情况而定，对于职务作品著作权归属问题，《著作权法》规定了两种不同的情况。

一是单位不享有著作权，但享有使用权的情况。

依据《著作权法》第十八条第一款的规定，自然人为完成法人或者非法人组织工作任务所创作的作品是职务作品，除本条第二款的规定以外，著作权由作者享有，但法人或者非法人组织有权在其业务范围内优先使用。作品完成两年内，未经单位同意，作者不得许可第三人以与单位使用的相同方式使用该作品。

《著作权法实施条例》第十一条第一款规定，著作权法第十六条（2020年修订的《著作权法》为第十八条）第一款关于职务作品的规定中的"工作任务"，是指公民在该法人或者该组织中应当履行的职责。

《著作权法实施条例》第十二条规定，职务作品完成两年内，经单位同意，作者许可第三人以与单位使用的相同方式使用作品所获报酬，由作者与单位按约定的比例分配。作品完成两年的期限，自作者向单位交付作品之日起计算。

基于《著作权法》第十八条第一款规定的内容来看，著作权属于作者是基本原则问题，但是单位享有合法的使用权，使用范围亦是在业务范围内使用，使用的权利是优先使用权利。优先使用权利是指作品创作完成两年内单位享有排他的使用权利和永久的普通使用权利。超出业务范围的使用则单位也无权使用，更无权限制作者许可第三人使用。例如，单位的业务范围是出版小说，对于员工（作者）为完成工作任务所创作的小说作品，单位享有的权利仅是在出版范围内的两年期间的排他使用权和永久的普通使用权。

判断职务作品需要遵从以下三点。①创作作品必须是法人或者非法人组织以其单位的性质所提出的工作任务。例如，某公司要求员工写一份宣传资料，这就属于工作任务安排，但如果要求员工写一部小说就超出了其工作任务范围。再如，新闻单位要求记者撰写新闻稿件，这属于其工作任务范围，但如果要求记者写一部小说，则不属于其工作任务范围。②职务作品的作者通常是本单位职工，为完成单位工作任务而借调或者招聘的工作人员也可以成为职务作品的作者。如没有上述身份，即使基于单位的安排完成作品的创作，也无法确定为职务行为，但可以确定为委托关系。③基本上是依照作者自己的意志创作，而不是依照单位的意志创作。如果在单位的主持下按照单位的意志进行创作就是法人或者非法人组织的作品，不属于职务作品。

二是单位享有著作权的情况。

《著作权法》第十八条第二款规定："有下列情形之一的职务作品，作者享有署名权，著作权的其他权利由法人或者非法人组织享有，法人或者非法人组织可以给予作者奖励：（一）主要是利用法人或者非法人组织的物质技术条件创作，并由法人或者非法人组织承担责任的工程设计图、产品设计图、地图、示意图、计算机软件等职务作品；（二）报社、期刊社、通讯社、广播电台、电视台的工作人员创作的职务作品；（三）法律、行政法规规定或者合同约定著作权由法人或者非法人组织享有的职务作品。"

《著作权法实施条例》第十一条第二款规定，著作权法第十六条（2020年修订的《著作权法》为第十八条）第二款关于职务作品的规定中的"物质技术条件"，是指该法人或者该组织为公民完成创作专门提供的资金、设备或者资料。

单位享有著作权的职务作品需要满足下列条件。①利用单位的物质技术条件创作，如办公设备、研究设备、资金支持等。②单位承担责任，创作作品失败的责任或其他法律责任均由单位来承担。③创作的作品是工程设计图、产品设计图、地图、计算机软件等作品。在实践中，工程设计图、产品设计图、地图、计算机软件等职务作品的创作一般需要多人协力完成，由法人或者非法人组织提供物质技术条件，而创作完成的作品的法律责任，亦由法人或者非法人组织承担，故法律规定此类职务作品的著作权由法人或者非法人组织享有，作者仅享有署名权。对于单位享有著作权的作品，单位可以给予参与创作的员工奖励。

43. 美术作品的原件所有权转移，作品的著作权是否转移

美术作品的原件所有权的转移，不视为作品著作权的转移，但美术作品原件的展览权由原件所有人享有。这是《著作权法》第二十条规定的内容，作品的物品所有权与作品的著作权是完全不同的两项权利，二者不是一回事，取得了作品的实物的所有权，仅是占有了该美术作品的实物的所

有权，但是持有实物的权利人无权行使美术作品的著作权，如不得行使复制、改编及网络传播等权利。这是著作权与一般物权的差异所在，著作权属于无形性的权利，是基于法律设定而产生的权利；而一般物权是基于实物的存在而产生的权利，并非法律所设定的权利。例如，对衣服所享有的权利，是基于实物的存在而产生的，如果衣服灭失，则该物的物权也就不存在了。著作权却并不会因为一本书的灭失而丧失。由于两项权利的根本差异，美术作品的原件所有权转移，作品的著作权并不随着原件权利的转移而转移，但是著作权中的其中一项权利会发生转移，那就是著作权中的展览权。由于美术作品的原件展览权是附在美术作品原件上的，故原件所有权发生转移，原件作品的展览权也随之发生转移。

第三节　著作权及与著作权有关的权益的保护期

44. 作者享有的哪些著作权保护期不受限制

著作权包括著作人身权和著作财产权，财产性权利的保护期限是有限制的，但是对于人身权中的署名权、修改权和保护作品完整权的保护期限不受限制。根据《著作权法》第二十二条之规定，作者的署名权、修改权、保护作品完整权的保护期不受限制。著作权保护期是指权利人对作品享有专有权的有效期间，也即获得法律保护期限。超过期限的作品即进入公有领域，任何人均可以使用，且使用无须经过著作权权利人的许可，保护期限的制度安排是对著作权限定的一种方式。

署名权是表明作者身份，在作品上署名的权利，以及如何署名的权利和是否署名的权利。修改权是作者在作品发表之前或发表以后修改或授权他人修改作品的权利。保护作品完整权是作者保护作品不受歪曲和篡改的权利。

这三项著作人身权保护期限不受限制，但是三项权利的保护判断标准，相对来说署名权的判断较为容易，因为是否给予署名或正确署名，常人极易判断，也不需要借助其他方式实现判断。并非所有的使用他人作品的情况都需要署名，对于使用作品方式的特性无法指明的除外。《著作权法实施条例》第十九条规定，使用他人作品的，应当指明作者姓名、作品名称；但是，当事人另有约定或者由于作品使用方式的特性无法指明的除外。什么是作品使用方式的特性无法指明？目前来看法律及行政法规并无具体规定，实践中关于此问题的判断也存在一定差异。事实上，在作品使用方式的特性无法指明的判断上也无法"一刀切",因为随着社会文化的发展,会延伸出不同的作品使用方式,如撰写一篇论文,无须讨论,指明内容是非常明确的,但是如果是演唱一部音乐作品,这种使用特性又如何指明?事实上,作品使用方式的特性也很难指明,但在社会实践中对作品使用方式的特性无法指明的判断必然会长期存在认识差异。

修改权的保护边界,在认定方面也存在截然不同的判断,当然是否构成对修改权的侵犯,要看作品的修改是否超出必要的限度。《著作权法》第三十六条规定,图书出版者经作者许可,可以对作品修改、删节。报社、期刊社可以对作品做文字性修改、删节。对内容的修改,应当经作者许可。需要指出的是,此处修改仅限于文字性修改,内容的修改涉及"问责自负"的问题。一部作品反映了作者独特的创作思想和创作艺术,任何增删或者修改行为都可能违背作者的创作思想,作者的修改权,是法律赋予作者的一项权利,同时,也是赋予作者禁止他人修改或增删自己的作品的权利;但是对于文中的错误用词或标点错误,出版方是有权予以修改。

保护作品完整权是作者享有作品不被他人歪曲和篡改的权利,对作品进行有悖于作者创作原意或破坏作品真实含义,以及有损作者声誉的歪曲和篡改的情况,作者可以依法要求行为人承担相应侵权法律责任。构成保护作品完整权损害的条件有三个:①有悖于作者的创作意愿;②破坏了作品的真实含义;③有损作者的声誉。

总之,依据《著作权法》的有关规定,对于涉及人身权中的署名权、修改权和保护作品完整权的保护期限是永久的,且不受任何时空的限制。

45. 作者享有的哪项权利仅是一次性权利

作者作品的发表权属于一次性权利。《著作权法》第十条第一款第(一)项规定,发表权,即决定作品是否公之于众的权利。作者将作品创作完成后,一旦公之于众,该项权利即已行使完毕。作者对发表权的行使包括以任何方式发表或在何时何地向公众公开的权利。这种公之于众指的是向听众或观众公开，并不取决于听众或观众的人数，但是作者将自己的作品向亲属、家人、朋友或某些专家请教，并不视为公之于众。发表权的行使并非由作者亲力亲为，作者授权他人行使出版权视为对发表权的授权。

发表权的保护也是一次性的，《著作权法实施条例》第十七条规定，作者生前未发表的作品，如果作者未明确表示不发表，作者死亡后50年内，其发表权可由继承人或者受遗赠人行使；没有继承人又无人受遗赠的，由作品原件的所有人行使。该条例第二十条规定，著作权法所称已经发表的作品，是指著作权人自行或者许可他人公之于众的作品。作者创作的作品公之于众后，即发表权已行使完毕，无后续行使之可能，获得保护后即使后续有公之于众的事实，也非发表权保护的依据，而可以通过发行权或信息网络传播权等财产性权利予以保护。

46. 公民作品的著作财产权保护期是多久

根据《著作权法》第二十三条的规定，公民作品的发表权、复制权、发行权、出租权、展览权、表演权、放映权、广播权、信息网络传播权、摄制权、改编权、翻译权、汇编权的保护期为作者终生及其死亡后五十年，截止于作者死亡后第五十年的12月31日；如果是合作作品，截止于最后死亡的作者死亡后第五十年的12月31日。

著作权的保护与限制目的在于保护著作权人的合法权益，鼓励作者的创作，并有利于作品的传播，促进社会文化的繁荣与发展，通过保护利于创作者获得经济利益，但是设置保护期限的目的，在于平衡社会公众获得文化知识与创作者之间的利益。关于自然人作品保护期的起算，《著作权法》第二十三条仅规定了截止日期，截止日期的计算方式是作者死亡后第五十年的12月31日，如某位作家1999年12月12日死亡，保护截止时间为作者死亡后第五十年的12月31日，即自1999年开始计数年数，即2049年的12月31日截止。也就是说，该作家在1999年年度内任何时间点死亡其作品保护期均截止到2049年12月31日。

需要特别注意的是，对于不可分割使用的公民合作作品，以最后一位合作作者死亡之日计算截止时间点。对于可分割使用的作者各自享有单独著作权的合作作品，各自计算截止时间点。另外要特别注意的是，对于自然人作为著作权人的电影作品、类电作品和摄影作品这三类作品的保护期限与其他作品完全不同，上述电影作品、类电作品和摄影作品的保护期限，其发表权和著作财产权的保护期限均为50年，截止于首次发表后第五十年的12月31日，如某部电影1980年3月发表，截止保护的时间点以1980年开始计算年数，保护截止时间应该是2030年12月31日。此外，如果自创作完成后五十年内未发表的，则不予保护。

47. 法人或非法人组织的作品著作权保护期是多久

法人或者非法人组织的作品的复制权、发行权、出租权、展览权、表演权、放映权、广播权、信息网络传播权、摄制权、改编权、翻译权、汇编权的保护期为五十年，截止于作品首次发表后第五十年的12月31日，但作品自创作完成后五十年内未发表的，著作权法不再保护。这是《著作权法》第二十三条第二款规定的内容。

且不论任何作品，包括电影作品、类电作品和摄影作品所涉及的保护期限均是一致的，著作权法之所以将自然人著作权保护期限和法人或非法人组织的作品保护期限做不同规定，是由于法人或非法人组织存续时间不确定，不同于自然人以自然生命为基础设定保护期，是有规律可循的，所以采用发表后作为计算起始时间，截止到第五十年的12月31日较为合理可行。

48. 单位享有著作权的职务作品的著作权保护期是多久

根据《著作权法》第二十三条第二款的规定，由法人或非法人组织享有的职务作品的发表权、复制权、发行权、出租权、展览权、表演权、放映权、广播权、信息网络传播权、摄制权、改编权、翻译权、汇编权的保护期为五十年，截止于作品首次发表后第五十年的 12 月 31 日，但作品自创作完成后五十年内未发表的，著作权法不再保护。

单位作品的保护期限与自然人作品的保护期限不同，主要考虑到单位的存续时间无规律可循，无法预先设定一个确定的时间点，作品的保护不仅考虑到作者所享有的垄断的专有性权利，同时考虑到社会公众获取文化知识及文化传承的社会诉求。以作品发表后开始起算保护时间点，截止到第五十年的 12 月 31 日有利于平衡权利人和社会公众之间的利益，更遵循了单位存续等特性。

49. 电影作品的著作权保护期是多久

根据《著作权法》第二十三条第三款的规定，电影作品的发表权、复制权、发行权、出租权、展览权、表演权、放映权、广播权、信息网络传播权、摄制权、改编权、翻译权、汇编权的保护期为五十年，截止于作品首次发表后第五十年的 12 月 31 日，但作品自创作完成后五十年内未发表的，著作权法不再保护。涉及署名权、修改权和保护作品完整权的权利保护期限不受限制。

电影作品的创作方式不同于一般的文字作品，需要投入大量的人力、物力来完成，在电影创作中更需要创作众多的作品为电影提供支持，如音乐、剧本等，所以一部电影的创作完成与最后公开发表，这个时间是不确定的，此外，还要面临国家相关部门的审查，审查通过后才能试映及公开发行，著作权法规定截止时间为作品首次发表后第五十年的 12 月 31 日正是考虑到电影作品是人民文化生活的重要组成部分，确定了五十年的保护期，其根本在于平衡社会利益。

50. 以类似摄制电影的方法创作的作品的著作权保护期是多久

以类似摄制电影的方法创作的作品的发表权、复制权、发行权、出租权、展览权、表演权、放映权、广播权、信息网络传播权、摄制权、改编权、翻译权、汇编权的保护期为五十年，截止于作品首次发表后第五十年的 12 月 31 日，但作品自创作完成后五十年内未发表的，著作权法不再保护。这是《著作权法》第二十三条第三款规定的内容。以类似摄制电影方法创作的作品简称"类电作品"，这类作品的保护时间与电影作品的保护时间一致，并没有任何差异，类电作品是采用类似电影制作方法制作完成的作品，如纪录片、短视频、微电影等，当然也包括电视剧、网络剧等。无论何种视频形式的作品，只要制作方式类似于电影摄制方法，并不要求完全相同，均可以作为类电作品予以保护。

51. 作者生前未发表的作品的著作权保护期是多久

作者生前未发表的作品，如果作者未明确表示不发表，作者死亡后五十年内，其发表权可由继承人或者受遗赠人行使；没有继承人又无人受遗赠的，由作品原件的所有人行使。这是《著作权法实施条例》第十七条规定的内容。对于作者生前未发表的作品，其保护期限要分三种情况来看：一是自然人作品，对于自然人作品保护期限截至作者死亡后第五十年的 12 月 31 日；二是法人或非法人组织的作品，其著作权保护期截止于作品创作完成后第五十年的 12 月 31 日，五十年内未发表的则不予保护；三是电影作品、类电作品和摄影作品，其著作权保护期为五十年，截止于作品创作完成后第五十年的 12 月 31 日，但自创作完成后五十年内未发表的则不予保护。设定截止保护期限，主要目的是鼓励著作权权利人创作完成作品后及时向社会公众传播，以便丰富社会物质文化生活。

52. 作者身份不明的作品的著作权保护期是多久

作者身份不明的作品，其著作权法第十条第一款第（五）项至第（十七）项规定的权利的保护期截止于作品首次发表后第五十年的 12 月 31 日。作者身份确定后，适用著作权法第二十三条的规定。这是《著作权法实施条例》第十八条规定的内容，对于作者身份不明的作品，著作权法规定了法人作品的保护期限，在无法核实权利主体的情况下，不能简单地按照自然人作品予以保护。同时考虑到作者未来有可能确定，进一步规定作者确定的情况下依据《著作权法》第二十三条处理，这就要求是法人或非法人组织作品的按法人作品的保护期限保护，是自然人作品的按自然人作品的保护期限保护。

53. 图书出版者对其版式设计享有的权利保护期是多久

版式设计是指设计人员根据设计主题和视觉需求，以及特定主题与内容的需要，在预先设定的有限的版面内，运用造型要素和形式原则，将文字、图片（图形）及色彩等视觉传达信息要素，进行有组织、有目的的组合排列的设计行为与过程。版式设计是出版者在编辑加工作品时完成的设计成果，其权利的产生与否与出版的作品的著作权并无关系，但是版式设计又与出版的作品无法分开，二者在保护方面也存在根本的不同。不过，若版式设计的创作达到了美术作品的要求，可以按美术作品予以保护。对于版式设计的保护主要是基于版式设计不能够达到美术作品的条件，但是出版者为版式设计付出了智力性的劳动，对其所付出的智力性劳动给予适当的法律保护是完全必要的。

《著作权法》第三十七条规定，出版者有权许可或者禁止他人使用其出版的图书、期刊的版式设计。前款规定的权利的保护期为十年，截止于使用该版式设计的图书、期刊首次出版后第十年的12月31日。依据本条规定的条件，获得保护的版式设计仅限于图书和期刊的版式设计，获得保护的主体也仅是图书出版者和期刊出版者。

54. 表演者对其表演的作品享有的权利保护期是多久

表演者是指借助相关设备或自身的语言、肢体动作、表情来塑造形象并传达情感的人。表演者进行表演行为，并对该表演所享有的权利即是表演者权。表演者权显然不同于表演权。表演者权是表演者基于自身的表演所拥有的权利，这些权利包括以下几个方面：①表明表演者身份；②保护表演形象不受歪曲；③许可他人从现场直播和公开传送其现场表演，并获得报酬；④许可他人录音录像，并获得报酬；⑤许可他人复制、发行、出租录有其表演的录音录像制品，并获得报酬；⑥许可他人通过信息网络向公众传播其表演，并获得报酬。

根据《著作权法》第四十一条的规定，表明表演者身份的权利和保护表演形象不受歪曲的权利，保护期不受限制。其中，"许可他人从现场直播和公开传送其现场表演，并获得报酬；许可他人录音录像，并获得报酬；许可他人复制、发行、出租录有其表演的录音录像制品，并获得报酬；许可他人通过信息网络向公众传播其表演，并获得报酬"四项财产性权利保护期为五十年，截止于该表演发生后第五十年的12月31日。

表演者所享有的表明表演者身份的权利和保护表演形象不受歪曲的权利属于人身性权利，保护期限是无期限的；而上述其他权利均属于财产性权利，保护期限截止于该表演发生后第五十年的12月31日。例如，1980年2月发生的表演，起算年数是1980年，也就是无论是1980年当年内的任何一天，均以1980年为起算年数，截止保护期限是2030年12月31日。

55. 录音录像制作者对其制作的录音录像制品享有的权利保护期是多久

录音录像制作者对其制作的录音录像制品，享有许可他人复制、发行、出租、通过信息网络向公众传播并获得报酬的权利；权利的保护期为五十年，截止于该制品首次制作完成后第五十年的12月31日。上述内容是《著作权法》第四十四条所规定的，该条是对录音录像制品保护期限的规定，录音录像制作者录制完成录音录像制品后，即已取得对该制品的专有权利。录音录像制作，是指用机械、光学、电磁、激光等科学技术手段，将作品音像或者图像记录在唱片、磁盘、激光盘或其他载体上的行为。在这一制作过程中，制作者付出了创造性的劳动，因此应当受到著作权法的保护。

需要注意的是，录音录像制品的保护时间段，是创作完成后即开始计算保护年数，截止到第五十年的12月31日。比如，某公司于2020年3月10日创作完成某录音录像制品，从2020年开始计数年数，而无须考虑该年中的月日，只要是在该年内制作完成，均将此年作为开始计数年数，依此计数某公司的该录音录像制品保护期截止时间是2070年12月31日。

56. 电台播放的广播、电视台播放的电视转播的著作权保护期是多久

广播电台、电视台享有禁止未经其许可将其播放的广播、电视以有限或者无限方式转播，将其播放的广播、电视录制以及复制在音像载体上，将其播放的广播、电视通过信息网络向公众传播的权利。该权利的保护期为五十年，截止于该广播、电视首次播放后第五十年的12月31日。这是《著作权法》第四十七条规定的内容，基于本条规定的保护期限，对于广播电台和电视台的广播权和转播权保护期限限定了首次播放后予以保护，所涉及保护的主体仅包括广播电台和电视台，除此之外的其他主体均不在本条规定涉及范围之内；保护的权利也仅包括广播权和转播权。保护期的截止时间是首次播放的年度开始计数年数至第五十年的12月31日。

需要特别注意的是，播放是指供公众接收的声音或接收图像和声音的有线或无线传播。从现实情况来看，电台、电视台播出的节目不外乎三类：一是以类似摄制电影的方法制作的电视剧、电视综艺节目、时事新闻节目（如中央电视台的《新闻联播》）等，属于创作作品，应受到著作权法保护；二是录音录像制品，比如制作录音带、录像带供电台、电视台播放，属于录音录像制作者所享有的权利；三是电台广播和电视台转播的节目，如播放的每年举行的全国人民代表大会。

电台的广播权和电视台转播权属于邻接权,是基于播放产生的,属于独立的一项权利,主体特定,50年的保护期开始计数年数时间是首次播放后。电台、电视台制作的节目属于著作权保护范围,权利基于创作完成而产生,50年的保护期开始计数年数时间是基于创作完成或首次发表后。电台、电视台录制的录音录像制品属于邻接权中的录音录像制作者权,权利是基于制作完成产生,50年的保护期开始计数年数时间是基于制作完成后。

上述三项权利涉及的保护范围极易混淆,且所涉及的权利范围之间也容易引起混同,正确区分电台、电视台所涉权利边界,才能更好地理解相关权利的保护范围及期限。

第四节 著作权人及与著作权有关的权利人的权利限制

57. 合理使用他人作品是否需要指明作者姓名、作品名称

合理使用，是指在特定情形下，法律允许他人自由使用享有著作权的作品，而不需要征得著作权人的许可，不向其支付报酬的合法行为；但是，合理使用应当指明作者姓名、作品名称。《著作权法》第二十四条规定了十三种合理使用的情形。

判断合理使用需要考量以下几个因素：①使用是否存在商业目的；②要看所使用作品的性质，如果仅是复印一份有版权的文字作品，可以是合理使用，但如果是按照他人独创性的建筑作品再建一栋相同的建筑作品，则不属于合理使用；③要看使用作品的数量，要在适度的范围内使用，不能过量使用；④要看使用作品是否对作品的价值有重大不利影响，如有，则不属于合理使用。当然，构成合理使用最为重要的一点是要指出作者姓名、作品名称，指出的作者姓名应当是作品上的作者署名或能够被人所知的笔名等。

58. 国家机关使用他人作品是否须经著作权人许可

国家机关为执行公务在合理范围内使用已经发表的作品属于合理使用，可以不经著作权人许可，不向其支付报酬，但应当指明作者姓名、作品名称，并且不得侵犯著作权人依照本法享有的其他权利。这是《著作权法》

第二十四条第一款第（七）项规定的内容。《信息网络传播权保护条例》第六条第（四）项规定，国家机关为执行公务，在合理范围内向公众提供已经发表的作品，即可以通过信息网络提供他人作品，而无须经过著作权人许可，不向其支付报酬。该条例第十二条第（三）项规定，对于一些采取技术措施保护的作品，国家机关为执行公务可以采取避开技术措施手段获取作品。

国家机关包括立法机关、行政机关、司法机关、军事机关等，国家机关使用他人作品情况较为普遍，如司法机关在处理案件过程中可能会使用作品，为案件办理提供支持；立法机关在立法中可能会使用他人作品，为立法提供服务；行政机关制定行政政策可能会使用他人作品；等等。要分清国家机关使用他人作品的目的，并非所有的国家行政机关使用他人作品的行为均属于合理使用行为。比如，商务部要编写一部名为《外商企业投资导引》的著作，其中使用了某位作者撰写的短篇文章，这就不属于合理使用。虽然商务部属于国家机关，写书等工作由商务部安排，体现了商务部的意志，但是由于该使用行为并非出于履行职务目的，因此不属于合理使用。此处的合理使用务必满足执行公务的需要，并且是在最小幅度范围内实现公务目的的使用。

59. 何种情形属于对政治、经济、宗教问题的时事性文章的合理使用

报纸、期刊、广播电台、电视台等媒体刊登或者播放其他报纸、期刊、广播电台、电视台等媒体已经发表的关于政治、经济、宗教问题的时事性文章属于合理使用，但著作权人声明不许刊登、播放的除外。上述内容是《著作权法》第二十四条第一款第（四）项规定的。此外，《信息网络传播权保护条例》第六条第（七）项规定，通过信息网络提供他人作品，属于向公众提供在信息网络上已经发表的关于政治、经济问题的时事性文章情形的，属于合理使用。

基于上述规定，构成合理使用需要具备四个条件：一是必须是对已经发表的作品的使用，未发表的作品不属于合理使用的范围；二是所发表的作品必须是关于政治、经济、宗教问题的文章，所发表的是其他类型的文章则不属于合理使用的范围；三是必须是时事性文章，时事性是指最近发生的受人关注的事件；四是作者未声明不许刊登、播放或网络传播，如果作者在发表时同时声明禁止传播的信息，则他人不可使用。

一般来说，时事性文章具有社会公共性，涉及社会公共问题，广泛传播将有利于社会公众知晓，考虑到作者权利的私有性特点，又规定了作者声明不许刊登、播放、传播的禁止性权利，但是需要在初次发表的文章所在的相同显要位置声明。

60. 何种情形下使用他人作品进行表演不构成侵权

免费表演已经发表的他人作品，该表演未向公众收取费用，也未向表演者支付报酬，且不以营利为目的，属于合理使用，不构成侵权，属于《著作权法》第二十四条第一款第（九）项规定的内容。免费表演是指非营利性的演出，比如残疾人协会主办的为残疾人表演的晚会，学校为庆祝"五一"国际劳动节举办的演出活动，企业组织本单位内部员工举办的表演活动。免费表演的表演者及组织者并没有获取任何报酬，其目的是丰富娱乐文化生活。此外，我们经常可以看到广场歌舞，这些均属于合理使用。

构成合理使用他人作品的表演需要具备以下条件：一是表演所使用的作品，必须是已经发表的作品，未发表的作品不属于表演可以使用的作品；二是免费向公众表演时，应当指明作者的姓名、作品的名称，并且不得任意修改、歪曲、篡改作品，要尊重作者的修改权和保护作品完整权；三是不能向观众或听众收取任何费用，也不能向表演者支付任何报酬。

需要注意的是，免费表演不同于义演，义演就是义务演出，表演者将所获得的报酬捐献给某个组织或个人，如捐献给残疾人协会或某些困难民众。这种义演并不属于合理使用的范畴，因为向观众或听众收取了费用。

61. 学校因课堂教学或科学研究使用他人作品是否构成侵权

学校为课堂教学或者科学研究，翻译、改编、汇编、播放或者少量复制已经发表的作品，供教学或者科研人员使用，属于合理使用，不构成侵权，但不得出版发行。这是《著作权法》第二十四条第一款第（六）项规定的内容。《信息网络传播权保护条例》第六条第（三）项规定，通过信息网络为学校课堂教学或者科学研究，向少数教学、科研人员提供少量已经发表的作品，属于合理使用，不需要经过著作权人同意，也不需要支付报酬。

学校课堂教学是传播知识的重要渠道，科学研究是在总结吸取前人经验知识的基础上，用科学方法探求事物本质和规律的活动。这两项活动都离不开知识的积累和对作品的使用，限制这种使用将会阻碍社会进步，阻碍科学技术的发展。需要注意以下几点：一是课堂教学是有严格限定的，并非所有涉及的课堂教学都是法律意义上的课堂教学，如课外辅导班、社会培训机构、考研培训学校等，均不属于上述法律法规规定的课堂教学；二是使用的数量应当是少量，所谓少量应当是不超出课堂教学或科学研究的需要，如有 30 名学生，则复印 30 份使用即可，如复印 300 份就不属于少量；三是翻译可以是作品的一部分，也可以是作品的全部，但要根据课堂教学或者科学研究的需要而定，不能超过课堂教学或科学研究的需要；四是不能用于出版发行或其他用途，只能用于课堂教学或科学研究；五是应当指明作者姓名、作品名称，并不得侵犯著作权人享有的其他权利。

此外，值得注意的是，对于著作权人通过信息网络传播并采取技术措施的作品，为课堂教学或科学研究可以避开技术措施获取作品，但应当采取相关技术措施防止服务对象以外的人获取著作权人的作品，也不得向他人提供避开技术措施的技术、装置或者部件，更不得侵犯著作权人依法享有的其他权利。

信息网络传播权，是指以有线或者无线方式向公众提供作品、表演或者录音录像制品，使公众可以在其个人选定的时间和地点获得作品、表演或者录音录像制品的权利。

技术措施，是指用于防止、限制未经权利人许可浏览、欣赏作品、表演、录音录像制品的或者通过信息网络向公众提供作品、表演、录音录像制品的有效技术、装置或者部件。

62. 在自己创作的作品中使用他人作品是否构成侵权

在自己创作的作品中使用他人作品极为常见，以他人作品作为根据，说明某一问题或证明某一观点，在创作中是比较常见的创作方式。《著作权法》第二十四条第一款第（二）项规定，为介绍、评论某一作品或者说明某一问题，在作品中适当引用他人已经发表的作品，属于合理使用，不构成侵权。

自己为创作作品目的引用他人作品，不需要经著作权人同意，也不需要向其支付报酬，但是在自己的作品中构成合理使用他人作品，至少要满足以下条件：一是引用的目的是介绍、评论某一作品或者说明某一问题；二是引用的比例必须适当，比例到底以多少为适当，法律并未规定，但是原则上引用的比例不应当比评论、介绍或者说明内容还长，也不能整篇引用，但是短小的文字、章句不全部引用无法说明的除外；三是引用的作品必须是已经发表的，未发表的作品不得引用；四是引用他人的作品，应当指明作者的姓名、作品的名称，并且不得侵犯著作权人享有的其他权利。

此外，《著作权法》第二十四条第一款第（一）项规定，为个人学习、研究或者欣赏，使用他人已经发表的作品，不需要经著作权人同意，也不需要向其支付报酬。《信息网络传播权保护条例》第六条第（一）项规定，通过信息网络提供他人作品，属于为介绍、评论某一作品或者说明某一问题，在向公众提供的作品中适当引用已经发表的作品，可以不经著作权人许可，不向其支付报酬。

满足《著作权法》第二十四条第一款第（一）项和《信息网络传播权保护条例》第六条第（一）项规定的合理使用，须具备以下三个条件：一是使用作品是为了个人学习、研究或者欣赏；二是不得用于出版、营利性表演、电台广播、电视台播放、摄制影视作品等；三是所使用的作品必须是已经发表的，未发表的作品，则不能使用，除非著作权人同意，否则即使是为了个人学习、研究、欣赏，也不构成合理使用。

63. 图书馆、档案馆、纪念馆、博物馆、美术馆等在何种情形下使用他人作品不构成侵权

图书馆、档案馆、纪念馆、博物馆、美术馆、文化馆等为陈列或者保存版本的需要，复制本馆收藏的作品，属于合理使用，不构成侵权。这是《著作权法》第二十四条第一款第（八）项规定的内容。图书馆、档案馆、纪念馆、博物馆、美术馆等复制作品的情况很多，比如，图书馆复印某部图书，档案馆将珍贵的历史资料复制存留，纪念馆将某人的手稿复制展览，博物馆将历史照片翻拍，等等。图书馆、档案馆、纪念馆、博物馆、美术馆等复制他人作品构成合理使用，需要满足以下条件：一是复制他人作品的目的是陈列或者保存作品。图书馆、档案馆、纪念馆、博物馆、美术馆等收藏着现代乃至古代的作品，有些作品年代久远，原物极易破损，复制是为了将作品保存下来，更好地保护及供人们研究欣赏；二是复制的作品必须是本馆收藏的，不能是其他馆收藏的作品，也不能允许其他馆复制本馆收藏的作品；三是在保护期内的作品适用，对于保护期已过的作品，无论任何情况，均可对著作权中的财产权进行使用。

此外，对于图书馆、档案馆、纪念馆、博物馆、美术馆等建立的数字馆，《信息网络传播权保护条例》第七条规定，图书馆、档案馆、纪念馆、博物馆、美术馆等可以不经著作权人许可，通过信息网络向本馆馆舍内服务对象提供本馆收藏的合法出版的数字作品和依法为陈列或者保存版本的需要以数字化形式复制的作品，不向其支付报酬，但不得直接或者间接获得经济利益。当事人另有约定的除外。前款规定的为陈列或者保存版本需要以数字化形式复制的作品，应当是已经损毁或者濒临损毁、丢失或者失窃，或者其存储格式已经过时，并且在市场上无法购买或者只能以明显高

于标定的价格购买的作品。

图书馆、档案馆、纪念馆、博物馆、美术馆等建立的数字馆的合理使用需要满足以下条件：一是必须是在本馆馆舍内提供，超出本馆馆舍的则不属于合理使用的范围；二是必须向馆舍内的服务对象提供，人员范围仅限于入馆的服务对象；三是必须是本馆收藏的合法出版的数字作品和本馆陈列或保存版本的需要以数字化形式复制的作品（仅能数字化复制已经损毁或者濒临损毁、丢失或者失窃，或者其存储格式已经过时，并且在市场上无法购买或者只能以明显高于标定的价格购买的作品）；四是不得获取经济利益。

64. 何种情形出版他人作品无须经著作权人许可

出版他人作品涉及对他人著作权行使的限制，必须满足绝对的条件，才可以出版他人作品。《著作权法》第二十四条第一款第（十一）项规定，将中国公民、法人或者非法人组织已经发表的以国家通用语言文字创作的作品翻译成少数民族语言文字作品在国内出版发行，不需要经著作权人许可。该法第二十四条第一款第（十二）项还规定了将已经发表的作品改成盲文出版的，也不需要经著作权人许可。

《信息网络传播权保护条例》第六条第（五）项规定"将中国公民、法人或者其他组织已经发表的、以汉语言文字创作的作品翻译成的少数民族语言文字作品，向中国境内少数民族提供"和第六条第（六）项规定"不以营利为目的，以盲人能够感知的独特方式向盲人提供已经发表的文字作品"，通过信息网络传播上述作品均属于合理使用，无须经过著作权人许可，也不向其支付报酬。

著作权法对这种翻译设定了极为严格的条件，出版这类翻译作品需要满足以下五个条件：一是翻译成少数民族语言文字作品的文字作品必须是公开出版的作品；二是公开出版的文字作品必须是汉语言文字作品，就是汉语作品，非汉语作品则不可以，如英文作品，但是英文作品翻译成汉语作品出版，出版的汉语作品可以翻译成少数民族语言文字作品；三是必须是中国公民、法人或非法人组织创作的文字作品；四是必须是在中国境内出版发行，如果是在境外出版发行则需要经著作权人许可；五是翻译时应注明作者姓名、作品名称，并且不得擅自修改或者歪曲、篡改作品。需要特别注意的是，我国是《保护文学和艺术作品伯尔尼公约》（以下简称《伯尔尼公约》）和《与贸易有关的知识产权协定》成员国，但是上述规定的内容在两部国际公约中并没有规定。

盲文作品的出版限制更为宽松，只要满足两点即可：一是必须是已发表的作品，二是用盲人能够感知的方式出版。

前述限制也适用于对出版者、表演者、录音录像制作者、广播电台、电视台的权利的限制。

65. 根据国家教育规划实施义务教育而使用他人作品是否构成侵权

为实施义务教育和国家教育规划而编写出版教科书，除作者事先声明不许使用的外，可以不经著作权人许可，在教科书中汇编已经发表的作品片段或者短小的文字作品、音乐作品或者单幅的美术作品、摄影作品、图形作品，但应当按照规定向著作权人支付报酬，指明作者姓名或者名称、作品名称，并且不得侵犯著作权人依照本法享有的其他权利。前款规定适用于对出版者、表演者、录音录像制作者、广播电台、电视台的权利的限制。这是《著作权法》第二十五条规定的内容。

本条属于法定许可的情形，法定许可是指依照法律的规定，可不经作者或其他著作权人的同意而使用其已经发表的作品。法定许可同合理使用一样都是对著作权的一种限制，但是法定许可使用他人作品时，应当向作者或其他著作权人支付报酬，合理使用无须支付报酬。作者声明不得使用的不得法定许可使用，合理使用不受此限。无论是法定许可使用还是合理使用均应注明作者姓名、作品名称。

需要特别注意的是，满足《著作权法》第二十五条规定的法定许可使用的情形，须具备以下条件：一是出版的教科书必须是课堂教学所用的正式教材，而非教学参考书、辅导丛书等材料；二是必须是在为了实施义务教育和国家教育规划而编写出版的教科书中使用；三是必须使用他人已经发表的作品；四是使用的数量须符合量的要求，如作品的"片段"或者"短小"的文字作品、音乐作品或者"单幅"的美术作品、摄影作品；四是按照国务院著作权行政管理部门会同国务院价格主管部门制定、公布的稿酬规定向著作权人支付报酬；五是指明作者姓名、作品名称；六是不得侵犯著作权人依法享有的其他版权权利；七是所使用的作品不属于作者事先声明不得使用的作品。

此外，适用的权利主体包括对出版者、表演者、录音录像制作者、广播电台、电视台的权利限制。通过信息网络实施义务教育或者国家教育规划的使用行为，也属于法定许可的情形。依据《信息网络传播权保护条例》第八条的规定，为通过信息网络实施义务教育或者国家教育规划，可以不经著作权人许可，使用其已经发表作品的片段或者短小的文字作品、音乐作品或者单幅的美术作品、摄影作品制作课件，由制作课件或者依法取得课件的远程教育机构通过信息网络向注册学生提供，但应当向著作权人支付报酬。

66. 录音录像制作者使用他人作品不构成侵权的情形

录音制作者使用他人已经合法录制为录音制品的音乐作品制作录音制品，可以不经著作权人许可，但应当按照规定支付报酬；著作权人声明不许使用的不得使用。这是《著作权法》第四十二条第二款规定的内容。

基于上述规定，录音录像制作者使用他人作品的法定许可条件有以下几个。一是所使用的作品为已被合法录制为录音制品的音乐作品，在报刊上发表、经现场表演都不能作为法定许可的条件。二是被合法录制为录音制品的作品种类仅限于音乐作品，也就是拟要创作出的作品也是录音制品中的音乐作品。相声、文学故事、诗歌朗诵、小品等作品，均不属于本款中规定的音乐作品。所谓"已经合法录制"，是指已有人经权利人授权，将词曲制作成录音制品的音乐作品。再次使用只需要向作者支付作品使用费即可。需要特别注意的是，使用他人已合法录制的音乐作品，不能将被使用的录音制品复制到自己的录音制品上。比如，某歌唱演员演唱的专辑《忘情水》中收录了《来生缘》《天意》《上海滩》等二十首歌曲。如果要用《来生缘》的词曲制作录音制品，就不能直接翻拍收录到自己的专辑中，只能使用该首歌的词和曲，由演员重新演唱和伴奏，重新制作新录音制品。三是录音制品上没有禁止使用声明。

此外，《著作权法实施条例》第二十二条规定，使用作品的付酬标准，由国务院著作权行政管理部门会同国务院价格主管部门制定、公布。该条例第三十一条规定，著作权人声明不得对其作品制作录音制品的，应当在该作品合法录制为录音制品时声明。该条例第三十二条规定，基于法定许可使用他人作品的，应当自使用该作品之日起两个月内向著作权人支付报酬。

67. 广播电台、电视台播放他人作品是否须经著作权人许可

广播电台、电视台播放他人未发表的作品，应当取得著作权人许可，并支付报酬。广播电台、电视台播放他人已发表的作品，可以不经著作权人许可，但应当按照规定支付报酬。这是《著作权法》第四十六条规定的内容。电视台播放他人的视听作品、录像制品，应当取得视听作品著作权人或者录像制作者许可，并支付报酬；播放他人的录像制品，还应当取得著作权人许可，并支付报酬。这是《著作权法》第四十八条规定的内容。

基于法律之规定的情形，涉及三种情况：一是播放未发表的作品，须取得著作权人的许可，未出版的作品则不得播放，在著作权人允许播放的情况下协商报酬，如仅同意播放而未商定报酬，并因此产生争议则按国务院著作权行政管理部门会同国务院价格主管部门制定的稿酬规定执行；二

是播放已发表的作品，无须经著作权人同意，但是应当按照国务院著作权行政管理部门会同国务院价格主管部门制定的稿酬规定支付报酬，这种使用属于法定许可使用；三是播放已出版的录音制品，无须经著作权人许可，但需要支付报酬，也可由著作权人与广播电台、电视台协商是否支付报酬。

需要特别注意的是，无论是上述何种情况，播放的主体仅限于广播电台和电视台，除此之外，其他任何主体均不享有法定许可之播放权利。

68. 使用他人作品是否须经著作权人许可

除法律另有规定外，使用他人作品应当经过著作权人的许可。这里的"法律另有规定"，包括国务院制定的法规。也就是说，除了合理使用和法定许可的情形以外，其他使用都要经过著作权人许可。著作权属于一项民事权利，民事权利最为重要的特性在于其私有性，即仅可由权利人行使，非经权利人许可的情况下任何人不得使用。

著作权法中规定了合理使用制度和法定许可使用制度，但这两项制度设定之范围极窄，并未对著作权的私有特性有实质性的限制和伤害。合理使用是指使用他人作品无须经过著作权人的许可，也无须向著作权人支付报酬，但须注明作者姓名、作品名称及出处的使用行为。法定许可是指依照法律法规的规定，可不经作者或其他著作权人的同意而使用其已经发表的作品，并须依据版权部门制定的稿酬规定支付稿酬的使用行为，但须注明作者姓名、作品名称及出处。

此外，使用他人作品应当同著作权人订立许可使用合同，许可使用合同应包括的主要内容有许可使用的权利种类，许可使用的权利是专有使用权或者非专有使用权，许可使用的地域范围、期间，付酬标准和办法，违约责任，双方认为需要约定的其他内容。

第五节 著作权许可和转让

69. 著作权中的哪些权利可以许可使用

著作权包括著作人身权和著作财产权，两类权利性质不同，在保护方面也存在一定的差异，如受到侵害，涉及著作人身权的损害救济，一般采取赔礼道歉、消除影响等措施，很少适用经济性赔偿，即使适用也仅是一定额度的精神抚慰金，但给予精神抚慰金的情况极为少见。著作财产权受到侵害可以获得经济方面的赔偿。交易方面也存在一定的差异，涉及著作人身权的交易是被禁止的，无法体现出作品的价值。著作财产权却可以交易，并通过交易体现出作品的价值。

人身权是指与人身相联系或不可分离的没有直接财产内容的权利，一般也称"人身非财产权"。人身权是一种绝对权，人身权与民事主体的人身不可分离，因此人身权同时具有不可转让的法律属性。人身权没有直接的财产内容，不能以金钱的价值尺度衡量人身利益，受到侵害时通常以非财产的方式予以救济。

财产权是指以财产利益为内容，直接体现财产利益的民事权利，财产权是以货币计算价值的，具有可交易性等特点，受到侵害时以财产方式予以救济。

著作权中的财产权属于可以许可使用的权利，著作权中的财产权包括复制权、发行权、出租权、展览权、表演权、放映权、广播权、信息网络传播权、摄制权、改编权、翻译权、汇编权、应当由著作权人享有的其他财产性权利等，可以由著作权人许可使用，且这些权利均属于著作权人专有的权利，他人未经许可而使用，均构成侵权，但合理使用和法定许可使用情形除外。

70. 与著作权有关的权益中哪些权利可以许可使用

与著作权有关的权益，又称"邻接权"。邻接权主要是指出版者权、表演者权、录音录像制作者权、广播组织权。

出版者对其出版的图书和期刊享有版式设计权。出版者有权许可或者禁止他人使用其出版的图书、期刊的版式设计。

表演者对其表演所享有的权利，包括许可他人从现场直播和公开传送其现场表演，并获得报酬的权利；许可他人录音录像，并获得报酬的权利；许可他人复制、发行、出租录有其表演的录音录像制品，并获得报酬的权利；许可他人通过信息网络向公众传播其表演，并获得报酬的权利。

录音录像制作者对其制作的录音录像制品，享有许可他人复制、发行、出租、通过信息网络向公众传播并获得报酬的权利。

广播电台、电视台有权禁止未经其许可将其播放的广播、电视转播，将其播放的广播、电视录制在音像载体上以及复制音像载体，将其播放的广播、电视通过信息网络向公众传播。

与著作权有关的权利中，属于财产权利性质的权利可以许可使用，但不得损害被使用作品和原作品著作权人的权利。

71. 使用他人作品是否必须订立许可合同

使用他人作品应当与权利人订立许可合同。使用，是指使用他人作品作为商业用途。例如，某位小说作家创作的小说作品，他人如果要将其改编为影视作品，须取得作者将其改编为影视作品的授权，并在授权期限内完成改编创作行为。再如，出版小说作品，出版社须取得作者许可出版作品的权利，即要取得作者作品复制权和发行权的授权，才可以出版发行。对于这些许可授权行为，应当同著作权人签署许可使用合同，通过合同明确双方的权利和义务，约定所涉及的许可使用费等情况。

《著作权法》第二十四条规定了可以不经著作权人许可就可以使用他人作品的情形。依据《著作权法》和《信息网络传播权保护条例》所规定的合理使用制度和法定许可使用制度，这两种使用制度均无须取得著作权人的许可。

72. 许可合同中包含不得许可的内容，是否会导致合同无效

著作权许可合同是著作权权利人与被许可人就著作权使用达成的协议。任何人使用他人作品均须取得著作权人的许可，未经许可的不得使用，使用他人作品的应当签署许可合同；但是著作权包含著作人身权和著作财产权，由于人身权具有专属性，不属于可以交易的权利，如果许可合同中包含了人身权的内容，则涉及人身权的条款无效，如协议没有涉及财产权许可，均是针对人身权许可使用的约定，则协议全部无效。

著作权许可合同中包含了可许可的权利内容，仅限于涉及人身权授权的相应条款无效，并不必然导致合同其他条款无效。《著作权法》第十条第二款规定，著作权人可以许可他人行使前款第（五）项至第（十七）项规定的权利，并依照约定或者本法有关规定获得报酬。著作权人可以全部或者部分转让本条第一款第（五）项至第（十七）项规定的权利，并依照约定或者本法有关规定获得报酬。由此可见，可以许可使用的权利仅限于著作权中的财产权部分。

73. 许可合同是否必须采取书面形式

通常情形下，许可合同均应当采取书面形式。《著作权法》第二十六条规定，使用他人作品应当同著作权人订立许可使用合同，本法规定可以不

经许可的除外。此外，《著作权法实施条例》第二十三条规定，使用他人作品应当同著作权人订立许可使用合同，许可使用的权利是专有使用权的，应当采取书面形式，但是报社、期刊社刊登作品除外。由上述规定可知，并非被许可人取得著作权使用权利都必须签署书面许可使用合同，对于非专有许可使用属于例外情况，法院在审查合同是否成立时往往要考虑双方是否事实上履行了合同，并结合多种要素综合确定。《著作权法》第二十六条规定的内容是应当订立许可合同，但是并未要求必须签订书面合同，如果能够证明有事实上履行合同及合同成立的证据，则可以认定双方订立了合同。

74. 被许可人获得的专有使用权内容包括哪些

使用他人作品应当同著作权人订立许可使用合同，许可使用的权利包括专有使用权和非专有使用权，实践中可分为独家使用权、排他许可使用权和普通许可使用权。独家使用权也即专有使用权，该权利的内容由合同约定，合同没有约定或者约定不明的，视为被许可人有权排除包括著作权人在内的任何人以同样的方式使用作品；除合同另有约定外，被许可人许可第三人行使同一权利，必须取得著作权人的许可。这是《著作权法实施条例》第二十四条规定的内容。

取得专有使用权的被许可人有权对涉及授权的权利被侵权行为提起维权诉讼。由此来看，被许可人获得的专有使用权的内容主要包括独家的使用权利和诉讼维权权利。

75. 著作权许可合同包括哪几类

著作权许可合同包括专有许可使用合同和非专有许可使用合同。司法实践中著作权许可合同包括多种类型，主要包括著作权独家许可合同、著作权排他实施许可合同和著作权普通许可合同。著作权独家许可合同的被许可人享有在授权区域内独家的使用权,有权排除任何人以相同的方式使用该作品,包括许可人或作者也无权使用。著作权排他实施许可合同的被许可人享有在授权区域内的排他使用权,有权排除第三人以相同的方式使用该作品,但许可人或作者除外,也即作者本人可以以该方式使用作品。著作权普通许可合同的被许可人仅有使用的权利,而无排除他人使用的权利。

对于上述三种著作权许可合同,被许可人获得的权利不同,在发生侵权的情况下,享有的诉讼权利也不相同。对于著作权排他实施许可合同的被许可人,可以直接提起诉讼,主张侵权法律责任。对于著作权排他实施许可合同的被许可人在著作权人或作者不起诉的情况下,可以提起诉讼。对于著作权普通许可合同的被许可人在著作权人明确授权的情况下,才享有诉讼权利。

76. 著作权及与著作权有关的权益中哪些权利可以转让

著作权及与著作权有关的权益中,只有财产权可以转让,涉及人身权不可以转让,无论是著作权还是邻接权,涉及人身权的权利均属于专属于作者的权利,属于不可转让的权利。《著作权法》第十条第一款规定中的第(五)至第(十七)项权利可以转让。《著作权法》规定的可以转让的权利包括复制权,即以印刷、复印、拓印、录音、录像、翻录、翻拍、数字化等方式将作品制作一份或者多份的权利;发行权,即以出售或者赠与方式向公众提供作品的原件或者复制件的权利;出租权,即有偿许可他人临时使用视听作品、计算机软件的原件或者复制件的权利,计算机软件不是出租的主要标的的除外;展览权,即公开陈列美术作品、摄影作品的原件或者复制件的权利;表演权,即公开表演作品,以及用各种手段公开播送作品的表演的权利;放映权,即通过放映机、幻灯机等技术设备公开再现美术、摄影、视听作品等的权利;广播权,即以有线或者无线方式公开传播或者转播作品,以及通过扩音器或者其他传送符号、声音、图像的类似工具向公众传播广播的作品的权利；信息网络传播权，即以有线或者无线方式向公众提供作品，使公众可以在其选定的时间和地点获得作品的权利；摄制权，即以摄制视听作品的方法将作品固定在载体上的权利；改编权，即改变作品，创作出具有独创性的新作品的权利；翻译权，即将作品从一种语言文字转换成另一种语言文字的权利；汇编权，即将作品或者作品的片段通过选择或者编排，汇集成新作品的权利；应当由著作权人享有的其他权利。

涉及邻接权的包括版式设计权。表演者对其表演享有下列权利：许可他人从现场直播和公开传送其现场表演，并获得报酬；许可他人录音录像，并获得报酬；许可他人复制、发行、出租录有其表演的录音录像制品，并获得报酬；许可他人通过信息网络向公众传播其表演，并获得报酬。录音录像制作者对其制作的录音录像制品，享有许可他人复制、发行、出租、通过信息网络向公众传播并获得报酬的权利。广播电台、电视台享有的许可他人将其播放的广播、电视转播的权利，将其播放的广播、电视录制在音像载体上以及复制音像载体的权利，将其播放的广播、电视通过信息网络向公众传播的权利。

77. 著作权转让是否需要订立转让合同

著作权转让应当订立书面合同，根据《著作权法》第二十七条规定的内容，著作权转让之所以规定应当订立书面合同，主要是考虑以下两个方面的问题：一是转让行为涉及权利主体的变更，没有书面凭证产生纠纷不易处理；二是通过书面形式便于明确转让的范围、许可费，包括有效期等。因此，采用书面形式订立著作权转让合同，有据可查，对于履行合同、防止争议和解决纠纷，有重要的帮助意义。

在司法实践中对于许可行为和转让行为，虽然著作权法规定应当签订书面合同，特别是涉及专有许可使用和转让行为，但是最高人民法院制定的自 2002 年 10 月 15 日起施行的《最高人民法院关于审理著作权民事纠纷案件适用法律若干问题的解释》第二十二条规定，著作权转让合同未采取书面形式的，人民法院依据合同法第三十六条、第三十七条的规定审查合同是否成立。也就是未采取书面形式，如果有证据证明是转让行为的，则可以认定转让合同成立，但是对此认定采用极为严格的标准。因此，转让著作权的，务必签署著作权转让合同。

78. 著作权转让是否需要明确权利转让种类

转让的标的物是所有转让合同中必须具备的，著作权转让合同是转让方处分权利的行为，这种处分行为，一定是建立在转让方持有相关著作权中的财产权，并且有权处分的基础上的。受让方是通过转让取得著作权的权利人，受让方通过转让合同取得相关著作权。并不是著作权中任何一项权利均可以转让，只有财产性权利可以转让，所以在转让人与受让人签署的转让合同中必须明确所转让的权利是哪一项。著作财产权中包括复制权、改编权、信息网络传播权等权利，不同的权利用途不同，著作权转让的转让方和受让方应当在转让合同中明确权利转让类别。未明确约定的著作权权利，受让方不得行使。《著作权法》第二十七条规定了著作权权利转让合同应当包括转让的权利种类、地域范围。

79. 著作权转让合同中包含不得转让的权利，合同是否有效

著作权转让应当依法进行，所涉及转让的权利，也必须是依法可以转让的权利，著作权中的人身权不可以转让，如署名权、修改权和保护作品完整权，这三项权利属于法定的人身权利，任何情况下都专属于作者本人，其他人均不得享有，更不可以许可或转让。著作权权利转让合同中包含了不得转让的权利，也就是包含了人身权内容，所包含的转让行为属于无效行为；但是合同包含的其他著作财产性权利的转让属于有效行为，权利转让合同并不会因为涉及人身权的条款无效而导致整个合同无效。

80. 什么是出版

出版即指作品的复制、发行，即以印刷、复印、拓印、录音、录像、翻录、翻拍、数字化等方式将作品制作一份或者多份并以出售或者赠予方式向公众提供作品的原件或者复制件的权利。通常来讲，出版或称发表，是指把书刊、图画等编印出来，并通过任何方式公之于众的行为。以出版为主业的领域称为出版业。

事实上出版业古已有之，现在我们看到的古典文学著作，如《论语》《左传》等，均是古代的人通过手抄等方式复制遗留下来的，手抄方式是古代最为重要的出版方式。西汉时期有了造纸，东汉时期蔡伦改造了造纸术，提升了纸张的生产工艺和质地；而具备系统化、规模化的出版则出现在宋代，这个时期具备了规模出版的条件，宋朝时期印刷术更为普遍，出版业的商业化程度非常高。"出版"一词出现于19世纪末，20世纪初引入中国。出版行业内通常认为出版是图书、报纸、期刊、音像、软件等的编辑、印刷和传播的统称。

随着时间的推移、技术的不断进步，以及人们获取知识的方式的改变，数字出版、网络出版成为出版行业的主流，这与传统的出版形成了巨大的差异。数字出版是建立在计算机技术、网络技术、流媒体技术、存储技术等新型技术基础上的出版产业。

数字化出版是将所有的信息都以统一的二进制代码的数字化形式存储于服务器等数据库介质中，信息的处理与接收则借助计算机、手机等终端设备进行。它强调内容的数字化、生产模式和运作流程的数字化、传播载体的数字化以及阅读消费、学习形态的数字化。目前已经形成了网络书店、手机 App 等新业态。手机出版近年来得到了迅猛发展，是传统出版社、传统数字出版转型发展的重要机遇。

81. 出版他人作品是否需要订立合同

图书出版者出版图书应当和著作权人订立出版合同，并支付报酬。这是《著作权法》第三十二条规定的内容。在我国图书出版者是指具有出版资质的公司，依据现行法律，自然人不具有出版资格，图书出版合同中的被许可方应该是具有出版经营权的出版社或报刊社，另一方当事人应当是作者或经作者授权的权利人。事实上，著作权人并非要求具有完全民事行为能力，订立出版合同属于民事法律行为，著作权人不具备民事行为能力的，由其法定代理人或监护人订立。

社会实践中，有一部分作品的出版是通过文化经纪公司完成的，一般是文化经纪公司取得著作权，它们与出版社合作出版作品。

82. 专有出版合同中未明确专有内容，出版者享有的专有出版权包含哪些

图书出版合同中约定图书出版者享有专有出版权但没有明确其具体内容的，视为图书出版者享有在合同有效期限内和在合同约定的地域范围内以同种文字的原版、修订版出版图书的专有权利。这是《著作权法实施条例》第二十八条规定的内容。出版权是著作权人最为重要的权利，出版权的行使要通过签订出版合同来实现，出版者与著作权人签署的合同是专有出版合同的，双方应在合同中明确出版者和著作权权利人的权利义务，约定清楚所涉及的权利、出版的文字、地域、出版期等事项。

事实上，在实践中即使签署了专有出版合同，但是具体内容并不明确，同样，出版者享有相关范围内的专有权利。相关范围包括：一是合同有效期内；二是合同约定的地域范围内；三是以同种文字的原版、修订版出版图书。除此之外，出版者并不享有其他权利。

83. 著作权人有权终止出版合同的情形有哪些

出版合同签订后，合同双方当事人应当诚实履行合同，不得有破坏合同履行的行为，双方均应按照合同中所约定的权利和义务内容享有自己的权利，并承担自己应当承担的义务。图书出版者不按照合同约定期限出版，应当按照《著作权法》第六十一条的规定承担民事责任。图书出版者重印、再版作品的，应当通知著作权人，并支付报酬。图书脱销后，图书出版者拒绝重印、再版的，著作权人有权终止合同，这是依据《著作权法》第三十四条第三款规定的著作权人有权终止出版合同的情形。

基于上述法律依据，著作权人有权终止出版合同须具备以下条件。一是图书脱销，也就是在市场中无法购买到该图书。必须是在公开的销售渠道无法采购到，盗版显然不是，应是在公开的依法存在经营的书店，包括网店等无法购买到。脱销是必须具备的条件。二是著作权人要求出版者出版。著作权人发现市场中图书构成脱销的事实，无法在公开合法的渠道采购到图书，著作权人向出版者提出再次出版的要求。三是出版者拒绝出版图书。无论出版者是以何种理由拒绝出版，均构成拒绝。上述三个条件的满足，是著作权人终止出版合同的法定理由。

84. 作者是否可以将同一作品向不同报社、期刊社投稿

一稿多投现象并不少见，报社和期刊社的稿件来源有三种。一是自己采访编写稿件。组织单位内部员工采访撰写，目前是报社、期刊社获取稿件的主要方式。二是约稿件。通过报社、期刊社发布约稿声明，向社会公众或某些特定群体人员约稿，特别是向一些著名人士，就某一方面的问题约稿。三是接受社会投稿。对于约稿和投稿，二者本质上并没有太大不同，因为均是报社和期刊社的外部人员提供的稿件。对于投稿，原则上允许向多个报社和期刊社投稿，但是赋予著作权人一定的义务，那就是针对报社的投稿应该自投稿之日起十五日内，不得另投，而针对期刊社的投稿，自

投稿之日起三十日内不得另投。在上述时间内，未收到报社和期刊社决定采用稿件通知的，则可以另投；如果收到决定采用稿件通知的，则不可以另投。当然，双方有事前约定的除外。

《著作权法》第三十五条规定，著作权人向报社、期刊社投稿的，自稿件发出之日起十五日内未收到报社通知决定刊登的，或者自稿件发出之日起三十日内未收到期刊社通知决定刊登的，可以将同一作品向其他报社、期刊社投稿。双方另有约定的除外。

85. 转载是否须经著作权人许可

作品在报社、期刊社刊登后，除著作权人声明不得转载、摘编的外，其他报刊可以转载或者作为文摘、资料刊登，但应当按照规定向著作权人支付报酬。这是《著作权法》第三十五条第二款规定的内容。对于权利人的声明有一定的要求，不能在任何地方不受限地声明，依据《著作权法实施条例》第三十条的规定，著作权人声明不得转载、摘编其作品的，应当在报纸、期刊刊登该作品时附带声明。

《著作权法》第三十五条第二款规定的转载权利，是对于著作权人权利的限制，属于法定许可使用。法定许可是指他人依据法律的明确规定在不经著作权人同意的情况下，按规定支付稿酬可使用他人作品的许可权利。本款中的转载是指原文或者适当改动之后刊登已在其他报刊发表的作品。摘编是指对原文主要内容进行摘录、缩写，即对原文内容有系统的、全面的反映，如果仅是摘抄作者姓名、出处和章节名称等不构成系统引用的，则不构成文摘，如此摘编也无须经著作权人同意。

这里需要特别注意的是，合法的转载和摘编须具备以下条件。一是转载和摘编仅适用于在报刊上发表的作品。其他作品均不在此范围，报社和期刊社转载图书作品，或者将报刊或图书上的作品结集出版图书，均不属于法定许可使用情形。二是进行转载或者摘编时必须注明作者姓名、作品名称及原作首次发表的报刊名称和日期。三是著作权人没有在报纸、期刊刊登该作品时附带不得转载、摘编其作品的声明。

报社和期刊社转载、摘编需要注意以下两点。一是刊登演绎作品，向演绎作品著作权人和原作品的著作权人支付报酬，一般情况下刊登、摘编了剽窃、抄袭的作品等侵权作品的不负责任，但明知为侵权作品的除外。二是注意合理使用的问题，对于合理使用的无须支付报酬。报纸、期刊为报道时事新闻不可避免地再现或者引用已发表的作品，以及报纸、期刊刊登其他报纸、期刊、电台、电视台等媒体已经发表的关于政治、经济、宗教问题的时事性文章，皆属合理使用。

实践中，许多报社和期刊社出于自身利益的考虑而在报纸和期刊特别位置声明"未经本刊同意，不得转载本刊发表的作品"，这类声明非经著作权人授权，不具有限制转载和摘编的法律效力。

86. 出版者对其出版的期刊、图书享有哪些权利

图书出版者经作者许可，可以对作品修改、删节。报社、期刊社可以对作品作文字性修改、删节。对内容的修改，应当经作者许可。这是《著作权法》第三十六条规定的内容。该条赋予报社和期刊社对作品做文字性修改和删节的权利，也就是说，不需要经作者同意，报社和期刊社可以直接进行修改和删节，但是仅限于文字性修改；对内容的修改，应当取得作者的授权。

此外，《著作权法》第三十七条规定，出版者有权许可或者禁止他人使用其出版的图书、期刊的版式设计。图书出版社编辑人员对作品无论是做文字性删改，还是做实质性修改，均应得到著作权人的授权，著作权人授权同意方可修改，无论是涉及图书中的个别字词还是内容，均需要经作者同意。

报社和期刊社有权进行文字性修改和删节，但是涉及内容的修改则须经作者同意。文字性修改，如个别用词有误，字存在错误之处，对个别的文字进行修改。删节，是指报社、期刊社有权根据自己的版面要求对作品

进行删节，一般一篇文章的版面有一版或半版限于篇幅的关系赋予报社、期刊社删节的权利。

87. 什么是表演

表演，指演奏乐曲、上演剧本、朗诵诗词等直接或者借助技术设备以声音、表情、动作公开再现作品。表演包括影视剧表演、戏剧表演、相声表演、舞蹈表演、武术表演、钢琴表演等。表演一门艺术，通常来讲是通过人的演唱、演奏或人体动作、表情来塑造形象、传达情绪情感而呈现出来的外在表达。

著作权法意义上的表演，所呈现出来的内容应当具有独创性，或对作品以另外一种独创形式呈现。将作品改编为影视剧的行为，正是将文字中的内容通过表演这种形式展现出来，如文字中描写的喜怒哀乐，在表演中通过演员的表情与形体结合呈现出喜怒哀乐的状态。根据表演的不同形式可以将其分为以下几类：人的单独表演，如单口相声等；人与人结合的表演，如双人相声等；人与动物结合的表演，如马戏、猴戏等；人与物结合的表演，如弹吉他表演、拉二胡表演等。

88. 什么是表演者

表演者，是指演员、演出单位或者其他表演文学、艺术作品的人。这是《著作权法实施条例》第五条第（六）项规定的内容。在实践中，表演者通常是指某个人，如某个人参与演出，通过自身的表演呈现作品的内容；但著作权法意义上的表演者，并非仅指某个人，这与实践当中社会公众对表演者的一般认识存在不同。著作权法意义上通常认为表演者是指表演的人，但是组织表演的机构或单位，也是法律意义上的表演者，如某个乐团参加音乐演出，那么这个乐团就是著作权法意义上的表演者。基于现行著作权法规定的内容来看，表演者就是指人或组织演出的演出单位，法律也仅保护这两类主体的表演者权。

需要特别注意的是，耍猴表演的表演者是人还是猴？对于耍猴表演，在动物园里或个别地区的街边可以看到，耍猴表演是由耍猴人和猴子一起表演，猴子在人的指挥下做一些动作，如搬砖、翻跟斗等。虽然是猴子在表演具体的动作，但是这种表演也是在耍猴人的主导下完成的，实际上是基于人的意愿进行的表演，因此耍猴表演的表演者是耍猴人。

再如，机器人表演。这种表演是事先在计算机中植入相关程序，在人的操控下实现的，表演者显然不是机器人，而是组织及控制机器人表演的演出单位，或者说是机器人的所有者。如所有者是公司的，则表演者是公司；如所有者是个人的，则表演者是个人。当然，从现实情况来看，目前绝大部分表演者基本是单位。

89. 表演者使用他人作品进行表演是否须经作品著作权人许可

使用他人作品演出，表演者（演员、演出单位）应当取得著作权人许可，并支付报酬。演出组织者组织演出，由该组织者取得著作权人许可，并支付报酬。这是《著作权法》第三十八条规定的内容。

使用改编、翻译、注释、整理汇编已有作品而产生的作品进行出版、演出和制作录音录像制品，应当取得该作品的著作权人和原作品的著作权人许可，并支付报酬。这是《著作权法》第十六条规定的内容。

表演者使用他人作品进行商业性演出需要取得著作权人的许可，但是免费表演的不需要取得著作权人的许可。免费表演包括表演者不收取任何费用，观众或听众不需要支付任何费用，如果表演者进行的是公益演出，向听众或观众收取了费用或以其他方式获得了收益并将收益捐献给慈善组织，也不属于免费表演，仍然需要取得著作权人的许可。

结合法条规定的情况，表演者使用他人作品表演的应当取得著作权人的许可分为两种情况：一是取得原作品著作权人的许可，表演者是单位的，由单位负责取得著作权人的许可；二是涉及使用演绎作品的，不仅需要取得原作品著作权人的许可,同时需要取得演绎著作权人的许可,也就是需要取得两方著作权人的许可。

90. 表演者对其表演享有哪些权利

表演者所享有的权利通常也称为"表演者权",表演者权是指表演者如演员、演出单位进行表演,依据著作权法而产生的归属于表演者的权利。著作权权利中包括著作人身权和著作财产权,其中著作财产权中有表演权,表演权是指公开表演作品以及用各种手段公开播送作品的表演的权利。

基于上述关于表演者权和表演权的定义,二者存在根本的不同:表演权是著作权中的一项财产性权利;表演者权是作为一个法律主体所享有的权利的统称。

表演者权也即表演者基于表演行为而享有的权利,主要包括两个方面的权利:一是人身性权利,包括表明表演者身份和保护表演形象不受歪曲的权利;二是财产性权利,包括许可他人从现场直播和公开传送其现场表演,许可他人录音录像,许可他人复制、发行、出租录有其表演的录音录像制品,许可他人通过信息网络向公众传播其表演的权利。此外,获得报酬权是基于上述财产性权利自然获得的延伸权利,这也是《著作权法》第三十九条规定的表演者对其表演享有的权利。

91. 表演者权与表演权的区别是什么

表演者权是表演者如演员、演出单位进行表演,依据著作权法而产生的归属于表演者的权利。表演权是指公开表演作品以及用各种手段公开播送作品的表演的权利。表演者权和表演权存在以下四点不同。

(1)权利主体不同。表演者权以演员、演出单位为权利主体。表演权以著作权人为权利主体。

(2)权利范围不同。表演者权包括人身权中的表明表演者身份和保护表演形象不受歪曲两项权利，也包括许可他人从现场直播和公开传送其现场表演，许可他人录音录像，许可他人复制、发行、出租录有其表演的录音录像制品，许可他人通过信息网络向公众传播其表演的财产性权利。表演权仅是著作权众多权利中的一项权利，并不包含著作权中的其他权利。

（3）依附关系不同。表演权是著作权众多权利中的一项独立权利，基于作品的创作完成而产生，并不需要依附其他权利而实现。表演者权是基于对作品的表演而产生的，表演作品需要取得著作权人给予表演者关于作品的著作权中的表演权的许可，表演者取得表演权后，即可以对作品进行表演，表演者权是依附于表演权而产生的权利。

（4）保护期限不同。表演者权所涉及的人身权保护期限不受限制，所涉及的财产性权利保护期限截止该表演发生后第五十年的12月31日。表演权的保护期限，如自然人是权利主体的，截止保护期限是其死后第五十年的12月31日，非自然人权利主体的截止保护期限是自作品发表后第五十年的12月31日。

92. 表演者享有的哪些权利保护期不受限制

表演者所享有的权利通常称为表演者权，也就是作为演员、演出单位对其表演所享有的权利。表演者所享有的权利包括表演者人身性的权利和表演者财产性的权利，这两项权利的范围和保护期限完全不同。

表演者所享有的财产性权利包括许可他人从现场直播和公开传送其现场表演，许可他人录音录像，许可他人复制、发行、出租录有其表演的录音录像制品，许可他人通过信息网络向公众传播其表演的权利。表演者所享有的财产性权利的保护期限是有一定限制的，这类财产性权利的保护期限截止于表演完成后第五十年的12月31日。

表演者所享有的人身性权利包括表明表演者身份和保护表演形象不受歪曲两项权利，且保护期限不受限制，这两项权利是专属于表演者的人身性质的权利，同著作权中的人身权性质一样，在保护期限方面，没有任何限制。

93. 外国人在境外完成的表演是否受我国法律保护

外国人、无国籍人在中国境内的表演，受著作权法保护，这是《著作权法》规定的法定情形，但是外国人在境外完成的表演是否受著作权法保护，目前来看，并非必然受保护，也并非不予保护，要根据情况确定。中国于1992年加入《伯尔尼公约》，并成为其成员国，目前该公约成员国总数达到176个国家，可以说全世界绝大部分国家是《伯尔尼公约》的成员国，只有极少数的国家没有加入，如梵蒂冈及个别岛屿国家等。《伯尔尼公约》最为重要的特点或核心原则有版权及表演者权的国民待遇原则、自动保护原则、独立保护原则、最低保护限度原则。

保护原则

国民待遇原则是指联盟任何一成员国公民的作者，或者在任何一成员国首次发表其作品的作者，其作品在其他成员国应受到保护，此种保护应与各国给予本国国民的作品的保护相同。

自动保护原则是指作者在成员国中享受和行使《伯尔尼公约》规定的权利不需要履行任何手续，即创作完成的作品，著作权权利已经产生，可受到保护。

独立保护原则是指各成员国依据本国法律对外国作品予以保护，不受作品来源国版权保护的影响，即使依据来源国法律所完成的作品或表演不给予保护，或缺乏相关版权法律予以保护，成员国也必须依据本国法律给予其保护。

最低保护限度原则是指各成员国对著作权的保护必须达到《伯尔尼公约》规定的最低标准，即公约特别规定的作者所享有的各项权利。

国际规则

《伯尔尼公约》第三条规定，为本联盟任何一成员国公民的作者，其作品无论是否发表，都应受到保护。为非本联盟任何一成员国公民的作者，其作品首次在本联盟一成员国出版，或在本联盟一成员国和一非本联盟成员国内同时出版的，应受到保护。

国内规则

《著作权法》第二条规定，中国公民、法人或者非法人组织的作品，不论是否发表，依照本法享有著作权。外国人、无国籍人的作品根据其作者所属国或者经常居住地国同中国签订的协议或者共同参加的国际条约享有的著作权，受本法保护。外国人、无国籍人的作品首先在中国境内出版的，依照本法享有著作权。未与中国签订协议或者共同参加国际条约的国家的作者以及无国籍人的作品首次在中国参加的国际条约的成员国出版的，或者在成员国和非成员国同时出版的，受本法保护。

《著作权法实施条例》第七条规定，首先在中国境内出版的外国人、无国籍人的作品，其著作权自首次出版之日起受保护。该条例第八条规定，外国人、无国籍人的作品在中国境外首先出版后，30日内在中国境内出版的，视为该作品同时在中国境内出版。该条例第三十三条规定，外国人、无国籍人在中国境内的表演，受著作权法保护。外国人、无国籍人根据中国参加的国际条约对其表演享有的权利，受著作权法保护。

保护条件

基于上述《伯尔尼公约》《著作权法》《著作权法实施条例》的规定来看，外国人在境外的表演具备以下任何一种情形，即可获得我国法律的保护。

一是任何一成员国公民或组织的表演。只要是《伯尔尼公约》成员国的公民或组织等，无论在任何地方或国家进行的表演，都属于应予保护的情形，直白地讲，只要是成员国公民或组织，无论在哪里表演都受到我国著作权法保护。

二是非公约成员国公民或组织首次在成员国表演。此种情形设定了两个条件，并非非公约成员国公民或组织在成员国表演即可获得保护，最为重要的一点是，要满足首次在成员国表演的条件才予以保护，如果首次是在成员国以外的国家或地区进行的表演，如非公约成员国公民或组织在自己国家进行表演，则此种情形也不予保护。如之后又在成员国进行表演，此种情形也不予保护。

三是非公约成员国公民或组织同时在成员国和非成员国表演。这里要求的是同时表演，但是这种情况极难实现，实践中也极为少见，因为表演往往需要人来实现，特别是涉及人的表演。当然，如果是用机器人进行表演，或许可以实现，比如某一非公约成员国公司安排十部机器人在成员国表演，同时安排另外十部机器人在非成员国进行表演，这种情况可以满足著作权法保护的条件。

94. 表演者享有的哪些权利可以许可使用或转让

表演者所享有的权利通常来讲即指表演者权，表演者权的内容包括表演者人身权和表演者财产权，表演者人身权包括表明表演者身份的权利和保护表演形象不受歪曲的权利。表演者财产权包括许可他人从现场直播和公开传送其现场表演的权利，许可他人录音录像的权利，许可他人复制、发行、出租录有表演者表演的录音录像制品的权利，许可他人通过网络向公众传播其表演的权利。

对于表演者所享有的人身权，不可以许可使用和转让，因为人身权具有人身专属性，只能归属于表演者，不因作品的许可和转让而发生变化，且人身权的专属性特点也不因时间的变化而丧失，也就是说，人身权是永久存在的，无论是表演者生前还是死后。比如，梅兰芳表演的《霸王别姬》戏剧作品，虽然梅兰芳已于1961年去世，至今已过去60余年，早已过了著作权法所规定的关于表演者权的保护期限规定，但是梅兰芳作为《霸王别姬》的表演者，对《霸王别姬》戏剧作品的财产性权利已经丧失，对《霸王别姬》表演作品的人身性权利依然存在，并且受到著作权法保护，尤其是对法定继承人予以保护，在没有法定继承人的情况下，由著作权管理部门行使国家予以保护的权利。

表演者权中的财产权包括许可他人从现场直播和公开传送其现场表演

的权利,许可他人录音录像的权利,许可他人复制、发行、出租录有表演者表演的录音录像制品的权利,许可他人通过网络向公众传播其表演的权利。这些权利在保护期内均可以许可或转让给他人使用,表演者的财产性权利的保护期限截止于首次表演发生后的第50年的12月31日。在此保护期限内,享有表演者财产性权利的主体,可以将这些权利许可或转让他人使用。例如,梅兰芳首次表演《霸王别姬》的时间是1922年2月15日,按照《著作权法》的规定,截止保护时间自首次表演后即1922年开始计数年数50年,梅兰芳表演《霸王别姬》的表演者权中的财产权保护截止时间是1972年12月31日。

95. 什么是录音录像制作者

录音录像制作者包括录音制作者和录像制作者,录音制作者是指制作录音制品的首次制作人,录像制作者是指制作录像制品的首次制作人。

录音是极为常见的,也是每个人都有可能做的事,如我们将自己所说的话录音。现在我们所用的微信,其功能设置中最为重要的一项功能就是语音功能,微信使用者通过微信发送语音消息的行为就是录音,所以我们每个人可能都是录音制作者。录音制作中最为重要的部分是录音制作的音乐制品,这也是著作权法中专门通过具体法条给予录音制作者保护的重要方面,音乐作品的录音制作者,是通过剪辑等创造性劳动制作完成了录音制品的人或单位,这类音乐作品的录音制作者通常是具备相关录音制作条件的音乐制作公司。

录像现象极为常见,但是需要特别注意录像制作与类电作品的区别,不能将二者等同。事实上,在实践中将二者混同的情况极为普遍,录像制作是单纯的录制行为,往往不需要编剧、导演等以电影创作的手法录像,而类电作品创作需要使用类似创作电影的方法。录像制作相对简单,类电作品创作相对复杂。

96. 什么是录音录像制品

录音录像制品包括录音制品和录像制品。录音制品是指任何声音的原始录制品。根据《著作权法实施条例》第五条的规定，录音制品是指任何对表演的声音和其他声音的录制品。需要指出的是，录音制品，其权利只授予首次制作人，这里的制作人既可以是自然人，也可以是法人或非法人组织。录音制品不同于作品，与作品的权利保护范围也不同，属于邻接权保护范围。

录像制品，是指电影作品和以类似摄制电影的方法创作的作品以外的任何有伴音或者无伴音的连续相关形象、图像的录制品。录音录像制品，是指将已制作成功的作品重新进行翻录，完全遵循原制成品的各项标准、要求，或是机械地将表演者的表演或景物录制下来的非智力创作成果。

这种录音录像制品，制作人在录制过程中不需要发挥想象力，不需要发挥创造性，只是一种复制技术，不属于著作权法中规定的作品范畴。录音录像制品的权利属于与著作权有关的权利，即邻接权，与作品的权利保护范围不同。

97. 使用他人作品制作录音录像制品是否须经著作权人许可

录音录像制作者使用他人作品制作录音录像制品，应当取得著作权人许可，并支付报酬。这是《著作权法》第四十二条规定的内容。录音录像制作者使用改编、翻译、注释、整理、汇编已有作品而产生的作品进行出版、演出和制作录音录像制品，应当取得该作品的著作权人和原作品的著作权人的许可，这是《著作权法》第十六条规定的内容。基于上述规定的情况来看，录音录像制作者使用他人作品制作录音录像制品，无论是发表的还是未发表的作品，均需要取得著作权人许可，其中使用演绎作品的需要取得演绎作品的著作权人和原作品著作权人的许可。比如《哈利·波特》是英国作家撰写的一部小说作品，原版是英文版，后来版权引入中国，被翻译成中文出版发行，现录音制作单位要将中文版《哈利·波特》录制成录音制品，那么录音制作单位不仅要取得将原著翻译成中文出版的译者的许可，同时需要取得原著著作权人的许可。

此外，需要特别注意的是，并非所有使用他人作品的录音制作都需要取得著作权人许可，《著作权法》对此有例外性的规定，录音制作者使用他人已经合法录制为录音制品的音乐作品制作录音制品，可以不经著作权人许可，但应当按照规定支付报酬；著作权人声明不许使用的不得使用。这属于对音乐作品的法定许可使用制度，满足此条件的，需要具备以下几点：一是必须是录制音乐作品的录音制品，二是必须是使用已经合法录制的音乐作品，三是著作权人没有不得使用的声明，四是按规定支付报酬。

98. 录音录像制作者对录音录像制品享有哪些权利

录音制品是指任何对表演的声音和其他声音的录制品。需要指出的是，录音制品，其权利只授予首次制作人，这里的制作人既可以是自然人，也可以是法人或非法人组织。录像制品是指电影作品和以类似摄制电影的方法创作的作品以外的任何有伴音或者无伴音的连续相关形象、图像的录制品。

录音录像制品，是指将已制作成功的作品重新进行翻录，完全遵循原制成品的各项标准、要求，或是机械地将表演者的表演或景物录制下来的非智力创作成果。根据《著作权法》第四十四条的规定，录音录像制作者对其制作的录音录像制品，享有以下几项权利：一是许可他人复制的权利，享有许可他人复制一份或多份的权利；二是享有许可他人发行的权利，即以销售包括有偿的销售和无偿的赠送形式销售录音录像制品的权利；三是许可他人对录音录像制品出租的权利，这一权利的行使，在 20 世纪 80—90 年代的时候较为普遍，现在已经很少了，尤其是随着手机功能设置的多元化，人们通过手机终端可以获得绝大部分信息，包括录音录像制品；四是许可他人通过信息网络向公众传播的权利，这项权利是录音录像制作者对录音录像制品享有的核心商业性权利,也是最为常见的许可使用的权利。

此外,获得报酬的权利是基于上述四项权利许可而自然获得的经济性收益,上述权利的保护期为五十年,截止于该录音录像制品首次制作完成后第五十年的 12 月 31 日。需要特别注意的是,录音录像制作者许可他人使用录音录像制品,如果该制品是基于原作品、表演者的表演制作而成,被许可人复制、发行、出租、通过信息网络向公众传播该录音录像制品,还应当取得著作权人、表演者的许可。

99. 外国人制作完成的录音录像制品是否受我国著作权法保护

根据《著作权法实施条例》第三十四条的规定,外国人、无国籍人在中国境内制作、发行的录音制品,受著作权法保护。外国人、无国籍人根据中国参加的国际条约对其制作、发行的录音制品享有的权利,受著作权法保护。《保护录音制品制作者防止未经许可复制其录音制品公约》(以下简称《录音制品公约》或《唱片公约》)是在世界知识产权组织主持下于 1971 年 10 月 29 日于日内瓦缔结的一个国际公约。至今公约共有近百个缔约国。我国于 1992 年 11 月 7 日加入。

《录音制品公约》第一条 在本公约中:

(甲)"录音制品"指任何仅听觉可感知的对表演的声音或其他声音的固定;

(乙)"录音制品制作者"指首次将表演的声音或其他声音固定下来的自然人或法人;

(丙)"复制品"指一件含有直接或间接从录音制品获取的声音的物品,该物品载有固定在该录音制品上的声音的全部或主要部分;

(丁)"公开发行"指将录音制品的复制品直接或间接提供给公众或任何一部分公众的行为。

第二条 各缔约国应当保护是其他缔约国国民的录音制品制作者,防止未经录音制品制作者同意而制作复制品和防止此类复制品的进口，只要任何此种制作或进口的目的是为了公开发行，以及防止公开发行此类复制品。

第三条　执行本公约的方式应当由各缔约国国内法律规定并应当包括以下一种或多种：通过授予版权或其他专项权利的方式保护；通过有关不正当竞争的法律保护；通过刑事制裁的方式保护。

因此，对于缔约国的录音制品制作者的录音制品可以给予中国著作权法保护。这里需要特别注意的是，对于外国人在境外录制的录像制品的保护，在《著作权法》和《著作权法实施细则》中并无具体规定。我国已加入的《伯尔尼公约》对于录像制品并不涉及，尤其是外国人在境外制作的录像制品如何保护，现有法律并无具体规定。

100. 广播电台、电视台播放他人作品是否须经著作权人许可

广播电台、电视台播放他人的作品是否须经著作权人许可，这要视情况而定，主要分为六种情况：一是播放未发表的作品，需要取得著作权人的许可；二是播放已发表的作品，不需要取得著作权人的许可；三是播放已出版的录音制品，不需要取得著作权人的许可，如播放音乐作品；四是播放电影作品，需要取得制作人的许可，即电影作品著作权人的许可；五是播放类电作品，需要取得制作人的许可；六是播放录像制品，需要取得录像制作者和原作品著作权人的许可。

上述使用中，第二项和第三项属于法定许可情形，第一项、第四项、第五项、第六项均需要取得著作权人的许可。此外，对于法定许可的情形，应按照相关规定支付报酬；对于经过权利人许可使用所需要支付的报酬，则由权利方与广播电台、电视台协商确定。

上述内容依据《著作权法》第四十六条的规定，广播电台、电视台播放他人未发表的作品，应当取得著作权人许可，并支付报酬。广播电台、

电视台播放他人已发表的作品，可以不经著作权人许可，但应当按照规定支付报酬。

《著作权法》第四十八条规定，电视台播放他人的视听作品、录像制品，应当取得视听作品著作权人或者录像制作者许可，并支付报酬；播放他人的录像制品，还应当取得著作权人许可，并支付报酬。

101. 广播电台、电视台对其播放的广播电视节目享有哪些权利

广播电台、电视台播放的节目可分为两类。一是转播的节目，如转播足球比赛、篮球比赛、演唱会等。对于这类节目，广播电台、电视台享有许可他人将其播放的广播、电视转播的权利，许可他人将其播放的广播、电视录制在音像载体上以及复制音像载体的权利，将其播放的广播、电视通过信息网络向公众传播的权利。二是广播电台、电视台创作的节目，这类节目属于著作权法意义上的作品范畴，应按照著作权法的作品予以保护，也就是著作权法中涉及的十七项权利均属于该节目应当享有的权利。

102. 电视台播放哪些节目须经著作权人许可

电视台在我国基本上属于政府部门设立的单位，有中央一级的电视台、省一级的电视台、市一级的电视台，还有区县一级的电视台，电视台播放的节目传播范围极广。对于电视台的法定许可权利并非不受限制，特别是由于电视台播放的节目传播范围极广，一些作品播放后，后续的商业价值将会受到严重的影响，如电影作品。电影作品制作所投入的财力、物力极高，一部电影投资过亿元已是普遍现象，个别电影的投资甚至达到数亿元。某电影作品拍摄时间近十年，投入资金近 7 亿元，如此宏大的创作，如果赋予其法定许可之权，著作权人仅依据法定许可获取微薄的国家规定的报酬，制作人会得不偿失，就会抑制制作人的热情，损害文化创作行业的发展。同样地，一些类电作品，如给予其法定许可，将会丧失其应有的社会

经济价值。

　　因此，适当地设置法定许可的范围，将有利于实现文化传播与社会公众利益的平衡，依据《著作权法》的规定，除法定许可及合理使用的情形外，电视台播放以下几类作品需要经著作权人许可：一是电影作品，二是类电作品，三是录像制品。对于电影作品和类电作品，则需要取得制作人的许可，制作人也就是电影作品和类电作品的著作权人。对于录像制品，则需要取得录像制作者的许可，涉及原作品的须同时取得原作品著作权人的许可。

第六节　著作权及与著作权有关权益的保护

103. 著作权中的什么权利可以担保质押

质押担保是债务的一种担保方式，即债务人可以用自己享有所有权的动产或合法的权利凭证作为质物交债权人占有，或者第三方也可以用自己享有所有权的动产或合法的权利凭证作为质物交债权人占有而为债务人提供担保。

当债务人到期不能清偿债务时，依法处分质物偿还贷款本息、罚息及费用。目前对权利质押物有较严格的要求，一般仅限于银行存款单、国家债券、国有银行发行的金融债券及银行汇票、银行本票。

根据《著作权质押合同登记办法》第二条的规定，著作权中的财产权可以作为债权的担保。债务人不履行债务时，债权人有权依法以该财产权折价或者以拍卖、变卖该财产权的价款优先受偿。

著作权包括著作人身权和著作财产权，著作权中的人身权不可以许可使用，也不可以转让，人身权主要包括署名权、发表权、修改权和保护作品完整权。著作权中的财产权属于经济权利，可以许可使用，也可以转让他人；可以全部许可或转让，也可以就著作权中的某项财产权进行许可使用或转让。著作权中的财产权包括复制权、发行权、翻译权、汇编权、改编权、展览权、信息网络传播权、出租权、表演权、放映权、广播权、摄制权和应当由著作权人享有的其他财产性权利。这十三项财产性权利均可许可使用或转让给他人。此外，需要特别注意的是，第十七项应当由著作权人享有的其他财产性权利，是兜底性权利，因为随着社会的进步、文化技术的发展，很难在一次立法中穷尽所有的保护权利，设定兜底性的保护权利，更有利于对著作权的保护，也更有利于著作权中的财产性权利的交易。

104. 与著作权有关的权益中哪些权利可以担保质押

与著作权有关的权益通常称为邻接权，邻接权并不属于著作权，二者之间的区别也比较明显，如主体的差异，著作权的主体可以是任何主体，如自然人或公司等，而邻接权的主体通常是出版者对其出版的图书和期刊的版式设计享有的权利，表演者对其表演享有的权利，录音录像制作者对其制作的录音录像制品享有的权利，广播电台、电视台对其播放的广播、电视节目享有的权利。

邻接权既包含人身权，也包含财产权。邻接权中的人身权属于不可以交易的权利，自然不能担保质押。邻接权中的财产权是可以交易的权利，交易的方式包括许可使用和转让等方式，自然邻接权中的财产权可以担保质押。此外，通过受让或许可取得的权利也可以担保质押。

综上所述，邻接权中可以担保质押的权利包括出版者对其出版的图书、期刊的版式设计享有的权利；表演者享有的许可他人从现场直播和公开传送其现场表演的权利，许可他人录音录像的权利，许可他人复制、发行、出租录有其表演的录音录像制品的权利，许可他人通过信息网络向公众传播其表演的权利；录音录像制作者享有的许可他人复制、发行、出租、通过信息网络向公众传播的权利；广播电台、电视台享有的将其播放的广播、电视转播的权利，将其播放的广播、电视录制在音像载体上以及复制音像载体的权利，将其播放的广播、电视通过信息网络向公众传播的权利。

质押担保时要注意以下几点：①质押的财物，应符合法律规定；②签订书面的质押合同；③质押担保的范围主要包括主债权及利息、违约金、损害赔偿金、质物保管费用和实现质权的费用，质权人负有不得损害质押权的义务，实现质权的途径。

105. 广告语是否受著作权法保护

广告语是企业或其他法律主体等为宣传而选定的语句。广告语长短不一，在认定其是否具有独创性方面各有不同，但是广告语与发布的主体之间建立了密切的商业关联关系。广告语是否受著作权法保护，要根据不同的广告语进行判断，但是核心的一点是，广告语必须具备作品的特点，也就是说必须具有独创性，方可受到著作权法保护。

比如，脑白金广告语"今年过年不收礼，收礼只收脑白金"，这句广告语只有14字，单从前7个字来看，"今年过年不收礼"这句话属于常用语句，是人们日常生活中常规的表达，本不具有独创性，应该不受著作权法保护。后半句"收礼只收脑白金"表达内容确定，但是表达有限，属于脑白金消费者群体中易于表述的语句，单从后半句来看，也不具有独创性，无法作为作品予以保护。"今年过年不收礼，收礼只收脑白金"作为一句完整的广告语，表达明确，所体现的内容清楚、传递的信息清晰，之前也并无这样的一句话，因而是具有独创性的一句广告语，属于著作权法意义上的作品，应予以保护。需要特别注意的一点是，判断广告语是否为具有独创性的语句，应基于完整的语句来判断，而非基于个别词句判断。

再如，鄂尔多斯羊绒衫的广告语"鄂尔多斯羊绒衫温暖全世界"，此句广告语限定词明确、表达含义清晰，具有独创性，属于著作权法意义上应予以保护的作品。又如，《互联网周刊》的广告语"弹指一挥间，世界皆互联"，也属于上述情况。

如上所述，受到著作权法保护的广告语需要具备独创性，但是什么样的广告语具有独创性，对此问题的判断，可以说是"仁者见仁，智者见智"。例如，美的空调广告语"原来生活可以更美的"，此句广告语限定不明确，单从这句话来看，表达内容并不清晰明确，这句话放在任何语境中都可以根据语境的不同而呈现不同的含义，且这句话在日常生活中极为常见，属惯常用语，因此不能认定其具有独创性，故不属于著作权法予以保护的作品。又如，公益广告语"高高兴兴上班去，平平安安回家来"，也属于此种情况，该广告语属于常规语句，不属于著作权法予以保护的作品。

广告语是否受到著作权法保护，关键看其是否具有独创性。在实践中，一些广告语会被法院认定为具有著作权的文字作品而受到保护，但这样的广告语必须具有独创性特征。缺少独创性或有明显模仿痕迹的广告语，则不能受到著作权法保护。

106. 构成侵犯信息网络传播权的情形

信息网络传播权是指以有线或者无线方式向公众提供作品、表演或者录音录像制品，使公众可以在其选定的时间和地点获得作品、表演或者录音录像制品的权利。由于网络技术的不断发展，通过信息网络，社会公众获取信息及相关知识变得越来越便捷，信息网络传播权已成为著作权人所享有的著作权权利中最为重要的权利之一，保护信息网络传播权变得非常重要。

依据著作权相关法律法规的规定，构成侵犯信息网络传播权的情形有以下几种：一是通过信息网络擅自向公众提供他人的作品、表演、录音录像制品的；二是故意避开或者破坏技术措施的；三是故意删除或者改变通过信息网络向公众提供的作品、表演、录音录像制品的权利管理电子信息，或者通过信息网络向公众提供明知或者应知未经权利人许可而被删除或者改变权利管理电子信息的作品、表演、录音录像制品的；四是为扶助贫困通过信息网络向农村地区提供作品、表演、录音录像制品超出规定范围，或者未按照公告的标准支付报酬，或者在权利人不同意提供其作品、表演、录音录像制品后未立即删除的；五是通过信息网络提供他人的作品、表演、录音录像制品，未指明作品、表演、录音录像制品的名称或者作者、表演者、录音录像制作者的姓名（名称），或者未支付报酬，或者未依照本条例规定采取技术措施防止服务对象以外的其他人获得他人的作品、表演、录音录像制品，或者未防止服务对象的复制行为对权利人利益造成实质性损害的。

需要注意的是，网络服务提供者根据服务对象的指令提供网络自动接入服务，或者对服务对象提供的作品、表演、录音录像制品提供自动传输服务，并具备下列条件的，不承担赔偿责任：①未选择并且未改变所传输的作品、表演、录音录像制品；②未向指定的服务对象提供该作品、表演、录音录像制品，并防止指定的服务对象以外的其他人获得。

此外，网络服务提供者为提高网络传输效率，自动存储从其他网络服务提供者获得的作品、表演、录音录像制品，根据技术安排自动向服务对象提供，并具备下列条件的，不承担赔偿责任：①未改变自动存储的作品、表演、录音录像制品；②不影响提供作品、表演、录音录像制品的原网络服务提供者掌握服务对象获取该作品、表演、录音录像制品的情况；③在原网络服务提供者修改、删除或者屏蔽该作品、表演、录音录像制品时，根据技术安排自动予以修改、删除或者屏蔽。

网络服务提供者为服务对象提供信息存储空间，供服务对象通过信息网络向公众提供作品、表演、录音录像制品，并具备下列条件的，不承担赔偿责任：①明确标示该信息存储空间是为服务对象所提供，并公开网络服务提供者的名称、联系人、网络地址；②未改变服务对象所提供的作品、表演、录音录像制品；③不知道也没有合理的理由应当知道服务对象提供的作品、表演、录音录像制品侵权；④未从服务对象提供的作品、表演、录音录像制品中直接获得经济利益；⑤在接到权利人的通知书后，根据本条例规定删除权利人认为侵权的作品、表演、录音录像制品。

此外，需要特别注意的是，网络服务提供者为服务对象提供搜索或者链接服务，在接到权利人的通知书后，依法断开与侵权的作品、表演、录音录像制品的链接的，不承担赔偿责任；但是，明知或者应知所链接的作品、表演、录音录像制品侵权的，应当承担共同侵权责任。

技术措施，是指用于防止、限制未经权利人许可浏览、欣赏作品、表演、录音录像制品的或者通过信息网络向公众提供作品、表演、录音录像制品的有效技术、装置或者部件。

权利管理电子信息，是指说明作品及其作者、表演及其表演者、录音录像制品及其制作者的信息，作品、表演、录音录像制品权利人的信息和使用条件的信息，以及表示上述信息的数字或者代码。

107. 如何确定代笔作品的著作权归属

代笔作品本质上由他人创作完成，代笔作品的特殊性在于本人的意愿，并由本人审定。例如，领导发言稿，往往是由领导讲出发言的主体、要点等关键信息，由秘书负责起草。当然，也有个别情况，发言稿完全是由秘书代笔完成，可能领导仅是安排一项写作工作任务，在此情况下以领导的名义发表，著作权自然归属于领导，也即本人，秘书仅是代笔人。这种情况目前来看极为普遍，其中利益关系调整并非反映在著作权法中，事实上，严格依据著作权法规定的条款来确定的话，此类作品应该是委托作品，而非代笔作品。

在司法实践中，针对此种情况，通过司法解释予以规制。《最高人民法院关于审理著作权民事纠纷案件适用法律若干问题的解释》第十三条规定，由他人执笔，本人审阅定稿并以本人名义发表的报告、讲话等作品，著作权归报告人或者讲话人享有。著作权人可以支付执笔人适当的报酬。如无相反证明，在作品上署名的自然人、法人或非法人组织为作者。

108. 委托作品的权属如何确定

作品的创作并非任何人均可胜任，一些特殊的作品非特别人是无法完成的，如软件作品。软件作品的创作必须是懂软件开发技术的人方能实现，网站页面的设计需要由具备美工及源代码编写技术能力的人员完成，而使用的单位或个人均无法自己创作实现，这就需要通过委托创作完成。委托创作完成的作品涉及著作权归属事宜，该如何确定？首先由当事方在委托合同中约定，当然，个别情况下可能不会约定。在未约定著作权归属的情形下，著作权归属于受托人。

根据《著作权法》第十九条的规定，受委托创作的作品，著作权的归属由委托人和受托人通过合同约定。合同未作明确约定或者没有订立合同的，著作权属于受托人。委托人有使用的权利，但需要在一定的创作目的范围内使用。

《最高人民法院关于审理著作权民事纠纷案件适用法律若干问题的解释》第十二条规定，按照著作权法第十七条规定委托作品著作权属于受托人的情形，委托人在约定的使用范围内享有使用作品的权利；双方没有约定使用作品范围的，委托人可以在委托创作的特定目的范围内免费使用该作品。

基于上述法律及司法解释规定的情况，委托创作的作品在委托合同中没有约定著作权归属的，著作权归属于受托人，委托人有使用的权利，但是使用的范围有明确的限制，并非不受任何限制。首先按约定的范围使用，如无约定，则可在特定目的范围内使用。实际上在委托创作的目的范围内使用，如是为了在书中作为插画出版使用，则仅可在此范围内使用；反之即构成侵权。

109. 构成侵犯计算机软件著作权的情形

计算机软件是指计算机系统中的程序及其文档。计算机程序是指为了得到某种结果而可以由计算机等具有信息处理能力的装置执行的代码化指令序列，或者可以被自动转换成代码化指令序列的符号化指令序列或者符号化语句序列。同一计算机程序的源程序和目标程序为同一作品。计算机文档是指用来描述程序的内容、组成、设计、功能规格、开发情况、测试结果及使用方法的文字资料和图表等，如程序设计说明书、流程图、用户手册等。计算机软件开发者，是指实际组织开发、直接进行开发，并对开发完成的软件承担责任的法人或者其他组织；或者依靠自己具有的条件独立完成软件开发，并对软件承担责任的自然人。上述内容是《计算机软件保护条例》给出的定义，计算机软件开发者通常是软件著作权人。

受保护的软件必须由开发者独立开发，并已固定在某种有形物体上。

计算机软件自开发完成即享有著作权保护，但是开发软件的思想、处理过程、操作方法或者数学概念等不属于保护的范畴。计算机软件作品与一般作品并不相同，涉及的著作权权利范围存在明显差异。一般作品著作权权利有十七项（包括兜底性权利）之多，而计算机软件著作权仅有八项确定的权利，包括发表权、署名权、修改权、复制权、发行权、出租权、信息网络传播权、翻译权，再加上兜底性的其他权利。

需要注意的是，计算机软件著作权的归属通常依据软件上的署名来确定，除非有新证据证明之外的人享有。需要特别注意的是，基于职务的计算机软件著作权归属个人还是法人的问题，由于计算机软件的开发工程一般较大，非个人所能完成，通常是由公司等组织完成，所以也确定了自然人任职期间计算机软件著作权归属单位的几种情形：一是针对本职工作中明确指定的开发目标所开发的软件；二是开发的软件是从事本职工作活动所预见的结果或者自然的结果；三是主要使用了法人或者其他组织的资金、专用设备、未公开的专门信息等物质技术条件所开发并由法人或者其他组织承担责任的软件。

合作完成的软件由双方协商使用，无法协商一致的，任何一方均可行使除转让以外的其他权利，所得收益合理分配。

计算机软件的合法复制品所有人享有下列权利。①根据使用的需要把该软件装入计算机等具有信息处理能力的装置内。②为了防止复制品损坏而制作备份复制品。这些备份复制品不得通过任何方式提供给他人使用，并在所有人丧失该合法复制品的所有权时，负责将备份复制品销毁。③为了把该软件用于实际的计算机应用环境或者改进其功能、性能而进行必要的修改；但是，除合同另有约定外，未经该软件著作权人许可，不得向任何第三方提供修改后的软件。

为了学习和研究软件内含的设计思想和原理，通过安装、显示、传输或者存储软件等方式使用软件的，可以不经软件著作权人许可，不向其支付报酬。除此法律法规规定的合理使用之外，软件作品用户未经软件著作权人许可使用他人软件均可构成侵权。例外的情形是，软件开发者开发的软件，由于可供选用的表达方式有限而与已经存在的软件相似的，不构成对已经存在的软件的著作权的侵犯。

构成侵犯计算机软件著作权行为的主要包括以下几种情形：一是未经软件著作权人许可，发表或者登记其软件的；二是将他人软件作为自己的软件发表或者登记的；三是未经合作者许可，将与他人合作开发的软件作为自己单独完成的软件发表或者登记的；四是在他人软件上署名或者更改他人软件上的署名的；五是未经软件著作权人许可，修改、翻译其软件的；六是复制或者部分复制著作权人的软件的；七是向公众发行、出租、通过信息网络传播著作权人的软件的；八是故意避开或者破坏著作权人为保护其软件著作权而采取的技术措施的；九是故意删除或者改变软件权利管理电子信息的；十是转让或者许可他人行使著作权人的软件著作权的；十一是其他侵犯软件著作权的行为。

属于计算机软件侵权的行为，并非都需要承担赔偿责任，软件的复制品持有人不知道也没有合理理由应当知道该软件是侵权复制品的，不承担赔偿责任；但是，应当停止使用、销毁该侵权复制品。如果停止使用并销毁该侵权复制品将给复制品使用人造成重大损失的，复制品使用人可以在向软件著作权人支付合理费用后继续使用。计算机软件用户未经许可或者超过许可范围商业使用计算机软件的，按照侵犯发表权和复制权承担民事责任。

110. 侵犯著作权的赔偿损失如何确定

侵犯著作权的应当承担相关法律责任，对于权利人通过诉讼维权主张民事赔偿的，赔偿方式主要有以下三种。

首先，按照权利人的实际损失给予赔偿。权利人的实际损失，可以根据权利人因侵权所造成复制品发行减少量或者侵权复制品销售量与权利人发行该复制品单位利润乘积计算。发行减少量难以确定的，按照侵权复制品市场销售量确定。

其次，实际损失难以计算的，可以按照侵权人的违法所得给予赔偿。

最后，权利人的实际损失或者侵权人的违法所得不能确定的，根据侵权行为的情节，基于当事人的请求或者依职权判决给予不低于五百元、不高于五百万元的赔偿。

赔偿数额还应当包括权利人为制止侵权行为所支付的合理开支。在确定赔偿数额时，应当根据作品类型、合理使用费、侵权行为性质、后果等情节综合确定。当事人就赔偿数额达成协议的，应当准许。为制止侵权行为所支付的合理开支，包括权利人或者委托代理人对侵权行为进行调查、取证的合理费用。根据当事人的诉讼请求和具体案情，可以将符合国家有关部门规定的律师费用计算在赔偿范围内。

侵犯著作权的诉讼时效为两年，自著作权人知道或者应当知道侵权行为之日起计算。权利人超过两年起诉的，如果侵权行为在起诉时仍在持续，在该著作权保护期内，应当判决被告停止侵权行为；侵权损害赔偿数额应当自权利人向法院起诉之日起向前推算两年计算。

对《著作权法》第五十三条规定的侵权行为，法院根据当事人的请求除追究行为人民事责任外，还可以依据《中华人民共和国民法典》（以下简称《民法典》）的规定给予民事制裁，罚款数额可以参照《著作权法实施条例》的有关规定确定。著作权行政管理部门对相同的侵权行为已经给予行政处罚的，法院不再予以民事制裁。

111. 机器人（AI）生成作品是否属于著作权法保护范围

机器人（AI）写作模式并非新鲜事物，这一技术渐渐走向成熟，可能未来的某一时间，我们所看到的文章，绝大部分是通过机器人（AI）写作完成，或许这一变革将会成为21世纪影响人类发展进程的又一重大变革。深圳市智搜信息技术有限公司在其对 Giiso 机器人（AI）写作模式的介绍中写道："通过系列预制件组装文章，将文章生产模式进行工业及智能化改造，内容生产核心流程及品控前移到预制件生产环节，写作过程中通过智能语义关联将预制件智能地和写作内容进行匹配，资源可复用，效率高。"

该公司在《区块链大热，未来感来袭，写作机器人将成内容生产主流》一文中介绍 Giiso 机器人具备的多种功能，包括智能推荐，搜索达人实时汇聚全网热点，AI 算法加持，多种内容秒速成文，机器改稿，等等。简单来说，机器人（AI）写作作品就是通过输入相关关键词，在全网搜索特定相关信息，并汇集组合而成的文章。据《互联网周刊》2019 年统计，目前机器人写作的软件有微软小冰机器人、苹果公司的 Siri、神码 AI、快笔小新、写作机器人、小发猫、李白写作、笔神等，这些机器人的运作原理基本相同，都是基于互联网中的大数据搜索组合编排而成。

介绍写作机器人的基本情况，是梳理机器人（AI）写作作品是否应予以保护的重要前提，确定作品是否属于《著作权法》予以保护的范围，需要考量两个问题：其一，是否作品；其二，是否基于人的智力活动的创作行为。《著作权法实施条例》第二条规定，著作权法所称作品，是指文学、艺术和科学领域内具有独创性并能以某种有形形式复制的智力成果。该条例第三条规定，著作权法所称创作，是指直接产生文学、艺术和科学作品的智力活动。为他人创作进行组织工作，提供咨询意见、物质条件，或者进行其他辅助工作，均不视为创作。

上述条款中最为重要的一点是，创作是指智力活动的创作。百度百科中定义，智力活动是指人结合自身先天遗传的普通能力以及异于他人的特殊能力而进行的生活活动。该定义强调的是人的活动，而非设备或机器的活动，智力成果亦是人的智力活动成果。由此来看，获得著作权法保护的作品，一定是基于人的创作活动而产生的作品；反之亦然。

例如，北京互联网法院审理的北京菲林律师事务所（以下简称菲林律所）起诉北京百度网讯科技有限公司涉及机器人（AI）生成内容著作权纠纷案，在该案一审判决中，法院认为，具备独创性并非构成文字作品的充分条件，根据现行法律规定，文字作品应由自然人创作完成，自然人创作完成仍应构成著作权法意义上的作品的必要条件，即使菲林律所主张的内容具有独创性，但仍不属于著作权法意义上的作品。关于威科先行法律信息库自动生成的分析报告是否构成作品的问题，从分析报告生成过程来看，选定相应关键词，使用"可视化"功能自动生成的分析报告，其内容涉及对电影娱乐行业的司法分析，符合文字作品的形式要求，涉及的内容体现出针对相关数据的选择、判断、分析，具有一定的独创性；但是，法院认为，具备独创性并非构成文字作品的充分条件，根据现行法律规定，文字作品应由自然人创作完成。虽然随着科学技术的发展，计算机软件智能生成的此类"作品"在内容、形态，甚至表达方式上日趋接近自然人作品，但根据现实的科技及产业发展水平，若在现行法律的权利保护体系内可以对此类软件的智力、经济投入予以充分保护，则不宜对民法主体的基本规范予以突破。故法院认定，自然人创作完成仍应构成著作权法意义上的作品的必要条件。上述分析报告的生成过程有两个环节有自然人作为主体参与：一是软件开发环节，二是软件使用环节。软件研发者（所有者）没有根据其需求输入关键词进行检索，该分析报告并未传递软件研发者（所有者）的思想、感情的独创性表达，故不应认定该分析报告为软件研发者（所有者）创作完成。同理，软件用户仅提交了关键词进行搜索，应用"可视化"功能自动生成的分析报告亦非传递软件用户思想、感情的独创性表达，故该分析报告亦不宜认定为使用者创作完成。综上所述，软件研发者（所有者）和使用者均不应成为该分析报告的作者。

因此，对于机器人（AI）完成的作品应不受保护，主要在于其缺乏人的智力活动这一核心要素。事实上，随着科学技术的发展，搜索技术不断改进，聚合搜索等搜索功能不断提升，由类似于腾讯写作机器人等的辅助设备帮助写手完成写作，已成常态，但需要注意的是，写作机器人直接完成的所谓作品，缺乏人的智力活动的后续创造性加工，因而仅可作为一项辅助工具，而无法成为著作权法意义上的作品并受到保护。

112. 侵犯著作权及与著作权有关权益的行为有哪些

侵犯著作权的侵权行为涉及的范围较广，可以说对著作权的保护既包括对人身权的保护，也包括对财产权的保护；既涵盖著作权本身的保护，也涵盖与著作权有关的权益（邻接权）的保护，涉及侵权的行为有以下几种。

（1）未经著作权人许可，发表其作品的。

（2）未经合作作者许可，将与他人合作创作的作品当作自己单独创作的作品发表的。

（3）没有参加创作，为谋取个人名利，在他人作品上署名的。

（4）歪曲、篡改他人作品的。

（5）剽窃他人作品的。

（6）未经著作权人许可，以展览、摄制视听作品的方法使用作品，或者以改编、翻译、注释等方式使用作品的，著作权法另有规定的除外。

（7）使用他人作品，应当支付报酬而未支付的。

（8）未经视听作品、计算机软件、录音录像制品的著作权人、表演者或者录音录像制作者许可，出租其作品或者录音录像制品的原件或复制件的，著作权法另有规定的除外。

（9）未经出版者许可，使用其出版的图书、期刊的版式设计的。

（10）未经表演者许可，从现场直播或者公开传送其现场表演，或者录制其表演的。

（11）未经著作权人许可，复制、发行、表演、放映、广播、汇编、通过信息网络向公众传播其作品的，著作权法另有规定的除外。

（12）出版他人享有专有出版权的图书的。

（13）未经表演者许可，复制、发行录有其表演的录音录像制品，或者通过信息网络向公众传播其表演的，著作权法另有规定的除外。

（14）未经录音录像制作者许可，复制、发行、通过信息网络向公众传播其制作的录音录像制品的，著作权法另有规定的除外。

（15）未经许可，播放、复制或者通过信息网络向公众传播广播、电视的，著作权法另有规定的除外。

（16）未经著作权人或者与著作权有关的权利人许可，故意避开或者破坏技术措施的，故意制造、进口或者向他人提供主要用于避开、破坏技术措施的装置或者部件的，或者故意为他人避开或者破坏技术措施提供技术服务的，法律、行政法规另有规定的除外。

（17）未经著作权人或者与著作权有关的权利人许可，故意删除或者改变作品、版式设计、表演、录音录像制品或者广播、电视上的权利管理信息的，知道或者应当知道作品、版式设计、表演、录音录像制品或者广播、电视上的权利管理信息未经许可被删除或者改变，仍然向公众提供的，法律、行政法规另有规定的除外。

（18）制作、出售假冒他人署名的作品的。

（19）其他侵犯著作权以及与著作权有关的权利的行为。

第二章

商标权

第一节 商标基本知识

113. 什么是商标

商标是商品的生产者、经营者在其生产、制造、加工、拣选或者经销的商品上或者服务的提供者在其提供的服务上采用的，区别商品或者服务来源的，由文字、图形或者其组合构成的，具有显著特征的标志。

商标注册是指商标使用人将其使用的商标依照法律规定的条件和程序向国家商标主管机关提出注册申请，经国家商标主管机关依法审查，准予注册登记的法律事实。在我国，商标注册是确定商标专用权的法律依据。商标使用人一旦获准注册，就标志着他获得了该商标的专用权，并受法律保护。

114. 商标如何分类

按商品的使用对象，商标可分为商品商标、服务商标。

按商标的功能作用，商标可分为联合商标、防御商标、证明商标。

按照使用人的性质，商标可分为集体商标、共有商标。

按照图形要素构成，商标可分为立体商标、平面商标、声音商标、气味商标。

按照商标的构成形态，商标可分为文字商标、图形商标、组合商标、颜色商标。

115. 未注册商标是否受到法律保护

未注册商标一般不予保护，依据《中华人民共和国商标法》（以下简称《商标法》）的有关规定，使用商标需要经注册获得商标权，方可获得法律保护，一些特殊的商品只有取得注册商标才能上市，如烟草；但是并非未取得商标权的商标绝对不予保护。《商标法》规定了几种特殊的情况：一是未予注册的驰名商标可以获得保护，二是具备一定影响力的商标可以获得不受侵权指控的保护。

《商标法》第十三条规定，为相关公众所熟知的商标，持有人认为其权利受到侵害时，可以依照本法规定请求驰名商标保护。就相同或者类似商品申请注册的商标是复制、摹仿或者翻译他人未在中国注册的驰名商标，容易导致混淆的，不予注册并禁止使用。就不相同或者不相类似商品申请注册的商标是复制、摹仿或者翻译他人已经在中国注册的驰名商标，误导公众，致使该驰名商标注册人的利益可能受到损害的，不予注册并禁止使用。该法第十四条规定："驰名商标应当根据当事人的请求，作为处理涉及商标案件需要认定的事实进行认定。认定驰名商标应当考虑下列因素：（一）相关公众对该商标的知晓程度；（二）该商标使用的持续时间；（三）该商标的任何宣传工作的持续时间、程度和地理范围；（四）该商标作为驰名商标受保护的记录；（五）该商标驰名的其他因素。在商标注册审查、工商行政管理部门查处商标违法案件过程中，当事人依照本法第十三条规定主张权利的，商标局根据审查、处理案件的需要，可以对商标驰名情况做出认定。在商标争议处理过程中，当事人依照本法第十三条规定主张权利的，商标评审委员会（今国家知识产权局商标局）根据处理案件的需要，可以对商标驰名情况做出认定。在商标民事、行政案件审理过程中，当事人依照本法第十三条规定主张权利的，最高人民法院指定的人民法院根据审理案件的需要，可以对商标驰名情况做出认定。生产、经营者不得将'驰名商标'字样用于商品、商品包装或者容器上，或者用于广告宣传、展览以及其他商业活动中。"

此外,《商标法》第三十二条规定,申请商标注册不得损害他人现有的在先权利,也不得以不正当手段抢先注册他人已经使用并有一定影响的商标。该法第五十九条第三款规定,商标注册人申请商标注册前,他人已经在同一种商品或者类似商品上先于商标注册人使用与注册商标相同或者近似并有一定影响的商标的,注册商标专用权人无权禁止该使用人在原使用范围内继续使用该商标,但可以要求其附加适当区别标识。

总体来看,未注册商标的保护需要满足的条件较多,并非在先使用即可以获得保护,达到驰名的程度或者具有一定的影响力,才是取得保护的前提;反之亦然。

116. 什么是商品商标

商品商标是指用于商品上的,表示商品来源,借以区别不同生产经营者的商品的标志。商品商标适用范围很广,不仅包括工业品,还包括农、林、牧、副、渔各类商品,还包括工业商品等。这些商品的生产、制造、加工、拣选、经销等各个环节,即这些产品由原料、半成品到半成品组装、成品等,都可以使用商标。

117. 什么是服务商标

服务商标也称"服务标记""劳务标志",是指用来将一个企业所提供的服务与其他企业所提供的服务区别开来的标志,即服务性行业在自己服务项目上所使用的标志,如航空运输、金融保险、广告媒体、中介咨询、法律服务、建筑维修、餐饮旅店、医院疗养、文化娱乐、学校培训、网络电视、电台电视等服务标志。以餐饮企业所用的门头标识为例,俏江南餐饮公司所用的俏江南商标,海底捞餐饮公司所用的海底捞商标,都是服务商标。

服务商标用在非商品上,即向消费者提供的服务,所指的服务是第三产业为消费者所提供的具有劳务因素的服务。与商品商标一样,服务商标可以由文字、图形、字母、数字、三维标志、声音和颜色构成，以及上述要素的组合构成，声音是独立的。企业注册取得商标后，该企业也就拥有了该商标的专有使用权，并受到法律的保护，当然，独占使用的范围应该在所注册的商品领域范围内。

118. 什么是集体商标

集体商标是指以团体、协会或者其他组织名义注册，供该组织成员在商事活动中使用，以表明使用者在该组织中的成员资格的标志。集体商标的作用是向消费者表明使用该商标的商品或者范围来源于该集体成员。集体商标是"封闭型"的，不是该组织的成员不得使用该集体商标。

集体商标属于由多个自然人、法人或者其他组织组成的社团组织，即表明商品或服务源自某一集体组织，如某一特定的行会、商会等工商业团体或其他集体组织。具有法人资格的集体组织才可以提出申请，并取得集体商标权。通常该集体组织不使用集体商标，由组织成员使用，非组织成员不得使用，且每个成员的使用权利是相同的，不存在隶属关系。集体商标采取统一的管理制度，包括使用费等制度，当成员退出时，就不得再使用该集体商标，新加入者自然也拥有了使用集体商标的权利，成员身份不得转让，仅可自己使用集体商标。集体组织可以转让集体商标，但是受让人应具有相应资格，并非任何主体都可以成为集体商标的受让人。

地理标志可以作为集体商标注册，其商品符合该地理标志条件的自然人、法人或者其他组织，可以要求参加以该地理标志作为集体商标注册的团体、协会或者其他组织，该团体、协会或者其他组织应当依据其章程接纳为会员；不要求参加以该地理标志作为集体商标注册的团体、协会或者其他组织的，也可以正当使用该地理标志，该团体、协会或者其他组织无权禁止使用以地理标志注册的商标。

119. 什么是证明商标

证明商标是指由对某种产品或者服务具有监督能力的组织所控制，而由该组织以外的单位或者个人使用于其商品或者服务，用以证明该商品或者服务的原产地、原料、制造方法、质量或者其他特定品质的标志，这是《商标法》第三条第三款规定的内容。

证明商标不同于一般商标，其商标注册人须对商标使用人的商品负有监督和控制使用的责任，而商标注册人自己不得在其商品或者服务上使用其证明商标。证明商标不是表示商品或服务来源于某个经营者，而是用以证明商品或服务本身出自某原产地，或具有某种特定品质的标志。证明商标的准许使用程序是一个公平、开放的程序，只要使用人提供的商品或服务达到证明商标所要求的标准，履行了必要的手续，即可使用证明商标，证明商标持有人无权拒绝。证明商标是由多个人共同使用的商标，其注册、使用及管理必须制定统一的管理规则并将之公之于众。证明商标可以转让给具有相应检测和监督能力的法人。以地理标志为证明商标注册的，其商品符合使用该地理标志条件的自然人、法人或者其他组织均可以使用该证明商标。

120. 什么是商标的使用

商标的使用是指将商标用于商品、商品包装或者容器及商品交易文书上，或者将商标用于广告宣传、展览及其他商业活动中，用于识别商品来源的行为，这是《商标法》规定的内容。

此外，商标权利人自行使用、他人经许可使用以及其他不违背商标权利人意志的使用，均可认定为商标法意义上的使用。

实际使用的商标标志与核准注册的商标标志有细微差别，但未改变其显著特征的，可以视为注册商标的使用。

没有实际使用注册商标，仅有转让或者许可行为；或者仅是公布商标注册信息，声明享有注册商标专用权的，不认定为商标使用。

商标权利人有真实使用商标的意图，并且有实际使用的必要准备，但因其他客观原因尚未实际使用注册商标的，人民法院可以认定其有正当理由。

并非商标以上述方式出现就构成了商标的使用，只有当商标的出现真正是为了商品促销服务时，才构成商标的使用。那些声明性的，如在报刊上声明其商标已经注册，但并没有进行任何促销活动，如介绍产品、说明销售方式的，就不应该承认为商标已经实际使用。

121. 什么商品上必须使用注册商标

《商标法》第六条规定，法律、行政法规规定必须使用注册商标的商品，必须申请商标注册，未经核准注册的，不得在市场销售。《中华人民共和国商标法实施条例》（以下简称《商标法实施条例》）第四条规定，国家规定必须使用注册商标的商品，是指法律、行政法规规定的必须使用注册商标的商品。因此，对于法律和行政法规规定的特定商品，必须使用注册商标。

目前，根据我国法律法规的规定必须使用注册商标的是烟草类商品。《中华人民共和国烟草专卖法》（以下简称《烟草专卖法》）第十九条规定，卷烟、雪茄烟和有包装的烟丝必须申请商标注册，未经核准注册的，不得生产、销售。禁止生产、销售假冒他人注册商标的烟草制品。《中华人民共和国烟草专卖法实施条例》（以下简称《烟草专卖法实施条例》）第二十四条规定，卷烟、雪茄烟和有包装的烟丝，应当使用注册商标。申请注册商标，应当持国务院烟草专卖行政主管部门的批准生产文件，依法申请注册。

依据《商标法》第六条规定的商标强制注册制度，商标的强制注册，包括以下三个方面。

（1）特定的商品必须申请商标注册。必须申请商标注册，是指生产经营特定商品的自然人、法人或者其他组织，必须向国家知识产权局商标局（以下简称商标局）申请注册商标。

（2）强制注册的特定商品是法律、行政法规规定必须使用注册商标的商品。法律是指全国人民代表大会及其常委会依照法定程序制定的规范性文件。行政法规是指国务院依照法定程序制定的规范性文件。法律、行政法规规定必须使用注册商标的商品，是指在全国人民代表大会及其常委会制定的法律和国务院制定的行政法规中，明确规定必须使用注册商标的商品。除全国人民代表大会及其常委会、国务院外，任何其他机构都无权规定某种商品必须使用注册商标。

（3）强制商标注册的商品，未经核准注册不得在市场销售。对于法律、行政法规规定必须使用注册商标的商品，没有向商标局申请商标注册，或者虽然已经向商标局申请商标注册，但商标局尚未核准注册的，该商品就不得生产，不得进入市场向他人售卖。否则，就应当承担相应的法律责任。

122. 申请注册商标的主体有哪些

申请注册商标的主体有以下几种。

（1）自然人。

自然人是人在法律上的称谓，能够以自然人的名义申请商标注册的自然人主要包括依照中国法律存在的个体工商户、个人合伙企业的全体合伙人、农村承包经营户的承包合同签约人和其他依法获准从事经营活动的自然人。

（2）法人。

《民法典》中"法人"的定义为"具有民事权利能力和民事行为能力，依法独立享有民事权利和承担民事义务的组织"。法人包括企业法人，机关、事业单位和社会团体等。

（3）其他组织。

其他组织是指依照中国法律不具有法人资格的企业、事业单位和社会团体等组织。

（4）外国人。

外国人或者外国企业按照其所属国和我国签订的协议或者共同参加的国际条约，或者按对等原则，可以在我国申请商标注册。对于在中国有经常居所或者经营所的外国人或者外国企业，办理申请手续时视同国内申请人；对于在中国没有经常居所或者营业场所的外国人或者外国企业，则应当委托国家认可的具有商标代理资质的组织代理。

需要特别注意的是，注册商标要以使用为目的，也就是说，注册主体在注册商标的目的上是为了使用，而非储备或进行肆意的商标买卖，《商标法》第四条规定了商标注册的目的在于使用，不以使用为目的的恶意商标注册申请应当予以驳回。

123. 将他人美术作品申请注册为商标是否须经美术作品著作权人许可

申请商标注册不得损害他人现有的在先权利，也不得以不正当手段抢先注册他人已经使用并有一定影响的商标。这是《商标法》第三十二条规定的内容。申请商标注册不得损害他人现有的在先权利，是指商标持有人在申请商标注册时，不得使他人已经获得的并且仍然有效的权利遭受伤害。此处的"在先权利"具体包括专利权、著作权、企业名称权、知名商品特有的名称权、装潢权、网络域名权、自然人肖像权、自然人姓名权等。美术作品属于作品类别之一，美术作品包括绘画、照片等具有艺术形象的设计。美术作品的保护是基于著作权法予以保护，且保护的是著作权人对美术作品的专有使用权。商标注册人在未取得美术作品著作权人同意的情况下使用美术作品注册商标，构成了对在先美术作品著作权人的权利侵犯，损害了其在先著作权权利，不应当予以获准注册，即使注册成功，著作权人及利害关系人也可以向国家知识产权局申请宣告无效。

124. 地理标志属于知识产权吗？它有哪些特征

商标中有商品的地理标志，而该商品并非来源于该标志所标示的地区，误导公众的，不予注册并禁止使用；但是，已经善意取得注册的继续有效。前款所称地理标志，是指标示某商品来源于某地区，该商品的特定质量、信誉或者其他特征，主要由该地区的自然因素或者人文因素所决定的标志。这是《商标法》第十六条规定的内容。

《与贸易有关的知识产权协定》中将地理标志定义为"鉴别原产于某一成员国领土或该领土的某一地区或某一地点的产品的标志，该标志产品的质量、声誉或其他确定的特性主要决定于其原产地"。可见，地理标志证明某一产品来源于某一成员国或某一地区或该地区内的某一地点；该产品的某些特定品质、声誉或其他特点在本质上可归因于该地理来源。因此，地理标志主要用于鉴别某一产品的产地，即是该产品的产地标志，地理标志属于知识产权。

地理标志具有以下几个特征。一是地域性。知识产权的一个重要特征是具有地域性，也即只有商品来源地的生产者可使用该地理标志。二是集体性。由商品来源地的企业、个人共同使用。三是独特性。不同的地理标志来源于不同地区的商品，每一地理标志区域的商品也不相同，主要可区分不同之商品。四是地理标志的主要因素是由自然因素和人文因素构成。自然因素是指土壤、气候、水质等天然因素，如库尔勒香梨、山西陈醋、烟台苹果等。人文因素包括加工工艺、某一技艺等，如苏绣等。

125. 什么是商标申请中的分类申请、另行申请、重新申请、变更申请

分类申请，是指商标在不同的类别进行申请，按照现有的商品分类表，商品分为45类，基本上涵盖了社会中存在的全部商品和服务，申请人取得所注册商品类别的商标，即享有该商品上所注册商标的专有使用权，未注册的商品类别则不享有这方面的权利。

另行申请，注册商标在同一类的其他商品上使用的，应另行提出商标注册申请。

重新申请，是改变注册商标的文字、图形等而重新提出的申请，也就是所谓的更换标识，使用新的标识应当重新申请，否则不享有更换后新标

识的专有使用权。

变更申请，是以变更注册人的名义、地址或其他注册事项为内容而进行的申请。

126. 将具有作品性质的标识申请商标注册应注意什么问题

申请商标注册不得损害他人现有的在先权利，也不得以不正当手段抢先注册他人已经使用并有一定影响的商标。这是《商标法》第三十二条规定的内容。

作品性质的标识主要包括绘画作品、书法作品，这类作品往往具有独创性，属于著作权法予以保护的作品，他人使用此类作品申请商标，应当取得著作权人的授权，未取得授权而注册，即构成了对著作权人的权利的损害，著作权人及利害关系人有权申请宣告该商标无效。

127. 什么样的标志或标识不能作为商标使用

依据《商标法》的有关规定，并非所有的标识均可以作为商标使用，在商品上使用商标是企业在经营过程中必须具备的条件，无论是通过网上销售，还是进入商场销售，都需要具有商标，一些标志不可以注册为商标，更不能作为标识使用在商品上。对此，《商标法》第十条规定了不得作为商标使用的几种标志。

（1）同中华人民共和国的国家名称、国旗、国徽、国歌、军旗、军徽、军歌、勋章等相同或者近似的，以及同中央国家机关的名称、标志、所在地特定地点的名称或者标志性建筑物的名称、图形相同的。判定是否为近似主要看商标的含义、读音或者外观这几个要素，与我国国家名称、国旗、国徽、国歌、军旗、军徽、军歌、勋章近似，容易使公众误认为的，判定为近似，反之亦然。

（2）同外国的国家名称、国旗、国徽、军旗等相同或者近似的，但经该国政府同意的除外。商标的文字、图形或者其组合与外国国家名称、国旗、国徽、军旗的名称或者图案相同或者近似,足以使公众将其联系在一起的,判定为相同或者近似;但是具有以下几种情形的,可以不判定构成相同或近似:一是具有明确的其他含义且不会造成公众误认的;二是商标同外国国名的旧称相同或者近似的;三是商标的文字由容易使公众认为是两个或者两个以上中文国名简称组合而成,不会使公众发生商品产地误认的;四是商标含有与外国国家名称相同或近似的文字,但其整体是企业名称且与申请人名义一致的;五是商标所含国名与其他具备显著特征的标志相互独立,国名仅起真实表示申请人所属国作用的。

(3) 同政府间国际组织的名称、旗帜、徽记等相同或者近似的,但经该组织同意或者不易误导公众的除外。政府间国际组织是指由若干国家和地区的政府为了特定目的通过条约或者协议建立的有一定规章制度的团体,如联合国、欧洲联盟、东南亚国家联盟、世界贸易组织、世界知识产权组织等。受保护的范围包括政府间国际组织名称的全称、简称或者缩写。与国际组织名称、旗帜、徽记等相同或者近似的标志不得作为商标使用,但若该标志的使用是经该组织同意的,或者不易误导公众,则该标志不在商标禁用标志之列,是可以作为商标使用的。

(4) 与表明实施控制、予以保证的官方标志、检验印记相同或者近似的,但经授权的除外。官方标志、检验印记,是指官方机构用以表明其对商品质量、性能、成分、原料等实施控制、予以保证或者进行检验的标志或印记,如中国强制性产品认证标志、免检产品标志;但若该标志的使用是经授权的,则可以使用。

(5) 同"红十字""红新月"的名称、标志相同或者近似的。"红十字"和"红新月"标志是国际人道主义保护标志,"红十字"是红十字会的专用标志,"红新月"是阿拉伯国家和部分伊斯兰国家红新月会专用的标志,二者性质和功能相同。"红十字"标志是白底红十字,"红新月"标志是向右弯曲或者向左弯曲的红新月。根据红十字会和红新月会的国际条约的规定,"红十字""红新月"的名称和标志不得用于与两会宗旨无关的活动。商标的文字、外观及组合与其近似的，可以判定为近似商标。

（6）带有民族歧视性的。民族歧视性，是指商标的文字、图形或者其他构成要素带有对特定民族进行丑化、贬低或者其他不平等看待该民族的内容的。

（7）带有欺骗性，容易使公众对商品的质量等特点或者产地产生误认的。

（8）有害于社会主义道德风尚或者有其他不良影响的。社会主义道德风尚，是指我国人民共同生活及其行为的准则、规范以及在一定时期内社会上流行的良好风气和习惯。其他不良影响，是指商标的文字、图形或者其他构成要素对我国政治、经济、文化、宗教、民族等社会公共利益和公共秩序产生消极的、负面的影响。

此外，县级以上行政区划的地名或者公众知晓的外国地名，不得作为商标使用；但是，地名具有其他含义或者作为集体商标、证明商标组成部分的除外；已经注册的使用地名的商标继续有效。

县级以上行政区划，包括县、自治县、县级市、市辖区，地级的市、自治州、地区、盟，省、直辖市、自治区，两个特别行政区即香港特别行政区、澳门特别行政区，以及台湾地区。县级以上行政区划的地名以中华人民共和国民政部（以下简称民政部）编辑出版的《中华人民共和国行政区划简册》为准。县级以上行政区划地名，包括全称、简称以及县级以上的省、自治区、直辖市、省会城市、计划单列市、著名的旅游城市的拼音形式。

公众知晓的外国地名，是指我国公众知晓的我国以外的其他国家和地区的地名。地名包括全称、简称、外文名称和通用的中文译名。

地名具有其他含义，是指地名作为词汇具有确定含义且该含义强于作为地名的含义，不会误导公众。

有下列情形之一的可不认定为近似：一是地名具有其他含义且该含义强于地名含义的；二是商标由地名和其他文字构成而在整体上具有显著特征，不会使公众发生商品产地误认的；三是申请人名称含有地名，申请人以其全称作为商标申请注册的；四是商标由两个或者两个以上行政区划的地名的简称组成，不会使公众发生商品产地等特点误认的；五是商标由省、自治区、直辖市、省会城市、计划单列市、著名的旅游城市以外的地名的拼音形式构成，且不会使公众发生商品产地误认的；六是地名作为集体商标、证明商标组成部分的。商标由公众知晓的外国地名构成，或者含有公众知晓的外国地名的，判定为与公众知晓的外国地名相同，但商标由公众知晓的外国地名和其他文字构成，整体具有其他含义且使用在其指定商品上不会使公众发生商品产地误认的除外。

商标文字构成与我国县级以上行政区划的地名或者公众知晓的外国地名不同，但字形、读音近似，足以使公众误认为该地名，从而发生商品产地误认的，判定为具有不良影响。商标由本条以外的公众熟知的我国地名构成或者含有此类地名，使用在其指定的商品上，容易使公众发生商品产地误认的，判定为具有不良影响；但指定使用商品与其指示的地点或者地域没有特定联系，不会使公众发生商品产地误认的除外。商标所含地名与其他具备显著特征的标志相互独立，地名仅起真实表示申请人所在地作用的，不适用本条第二款的规定。商标所含地名与申请人所在地不一致的，容易使公众发生误认，判定为具有不良影响。

128. 什么样的标志或标识不得作为商标申请注册

申请注册的商标，应当有显著特征，便于识别，这是申请注册商标必须具备的条件，以下三种标志不得作为商标注册的标志。

（1）仅有本商品的通用名称、图形、型号的标志。通用名称、图形、型号，是指国家标准、行业标准规定的或者约定俗成的名称、图形、型号，其中名称包括全称、简称、缩写、俗称。例如，"凡士林"是一种润肤品的通用名称，该商标就缺乏显著性，消费者无法通过该商标将不同生产经营者的商品区分开来。同时，如果将仅有本商品的通用名称、图形、型号的标志作为商标注册，会产生商标注册人的独占使用，这对其他生产同类商品的生产经营者是不公平的。因此，本条不允许将仅有本商品的通用名称、图形、型号的标志作为商标注册。

（2）仅直接表示商品的质量、主要原料、功能、用途、重量、数量及其他特点的标志。直接表示，是指商标仅由对指定使用商品的质量、主要原料、功能、用途、重量、数量及其他特点具有直接说明性和描述性的标志构成。其他特点包括特定消费对象、价格、内容、风格、风味、使用方式和方法、生产工艺、生产地点和时间及年份、形态、有效期限、保质期或者服务时间、销售场所或者地域范围、技术特点等。例如，"10元"仅直接表示商品的价格，"欧式"仅直接表示家具的风格，"果味夹心"仅直接表示饼干的风味，将仅直接表示商品的质量、主要原料、功能、用途、重量、数量及其他特点的标志作为商标注册，会产生商标注册人的独占使用，对于其他生产经营者是不公平的。

（3）其他缺乏显著特征的标志。其他缺乏显著特征的标志，是指除上述两个方面的标志以外，依照社会普遍观念其本身或者作为商标使用在指定商品上不具备表示商品来源的作用的标志，包括过于简单的线条，普通几何图形，过于复杂的文字、图形、数字、字母或上述要素的组合，一个或者两个普通表现形式的字母，普通形式的阿拉伯数字指定使用于习惯以数字作型号或货号的商品上，指定使用商品的常用包装、容器或者装饰性图案，单一颜色，非独创的表示商品或者服务特点的短语或者句子，本行业或者相关行业常用的贸易场所名称，本行业或者相关行业通用的商贸用语或者标志，企业的组织形式，本行业名称或者简称，等等。

在实践中，上列标志经过使用取得显著特征，便于识别的，可以作为商标注册。在判定是否取得显著特征时，应当根据相关公众对该标志的认知情况，该标志在指定商品或者服务上实际使用的时间、使用方式及同行业使用情况，使用该标志的商品或者服务的生产、销售、广告宣传情况及使用该标志的商品或者服务本身等因素综合确定。《商标法》第十一条规定，仅有本商品的通用名称、图形、型号的，仅直接表示商品的质量、主要原料、功能、用途、重量、数量及其他特点的，其他缺乏显著特征的，不得注册为商标。商标标志只是或者主要是描述、说明所使用商品的质量、主要原料、功能、用途、重量、数量、产地等的，应当认定其属于商标法第十一条第一款第（二）项规定的情形。商标标志或者其构成要素暗示商品的特点，但不影响其识别商品来源功能的，不属于该项所规定的情形。

129. 什么是申请商标注册中的优先权

依据《商标法》的规定，确定了三种优先权情况：一是首次外国申请的优先权，二是中国政府主办的展览会首次使用的优先权，三是中国政府承认的国际展览会首次使用的优先权。上述三种情况的优先权，仅有六个月时间，过期后则丧失优先权。对此，商标法做出明确的规定。

（1）首次外国申请的优先权。

商标注册申请人自其商标在外国第一次提出商标注册申请之日起六个月内，又在中国就相同商品以同一商标提出商标注册申请的，依照该外国同中国签订的协议或者共同参加的国际条约，或者按照相互承认优先权的原则，可以享有优先权。这是《商标法》第二十五条第一款规定的内容。本条涉及的是外国申请优先权，具备此情形的需要满足四个条件：一是在外国提出的首次申请，也包括在我国香港、澳门、台湾首次提出的注册申请；二是首次申请国应是《保护工业产权巴黎公约》和《商标国际注册马德里协定》的成员国或与中国签订有相关协议的国家；三是必须在首次提出之日起六个月内提出；四是就相同的商品类别和商标提出注册申请。

（2）中国政府主办的展览会首次使用的优先权。

商标在中国政府主办的国际展览会展出的商品上首次使用的，自该商品展出之日起六个月内，该商标的注册申请人可以享有优先权。

（3）中国政府承认的国际展览会首次使用的优先权。

商标在中国政府承认的国际展览会展出的商品上首次使用的，自该商品展出之日起六个月内，该商标的注册申请人可以享有优先权。

此外，中国作为《保护工业产权巴黎公约》成员国，有义务遵循公约规定的内容，该公约对优先权的规定为，任何人或其权利继承人，已经在本联盟某一成员国正式提出商标注册申请的，自第一次申请之日起六个月内，对在其他国家提出的申请享有优先权。

130. 申请注册的商标标识中能否有地理标志

县级以上行政区划的地名或者公众知晓的外国地名，不得作为商标。但是，地名具有其他含义或者作为集体商标、证明商标组成部分的除外；已经注册的使用地名的商标继续有效。《商标法》第十条规定了前述内容，注册商标中含有地理标志并非绝对禁止。地理标志是指证明某一产品来源于某一地区或该地区内的某一地点的标志，用于区别不同地区的商品，如库尔勒香梨、山西陈醋等。

申请注册的商标中含有地理标志可被注册的情形，需要满足以下两个条件：①所注册的商标一般是集体商标和证明商标；②地理标志具有其他含义。反之不得作为商标注册。当然，按照之前的商标制度已经注册的商标继续有效。

131. 已注册商标被注销或撤销后再申请注册的限制有哪些

注册商标被撤销或被宣告无效有以下七种情形：一是商标注册人自行改变注册商标、注册人名义、地址或者其他注册事项的情形；二是注册商标成为其核定使用的商品的通用名称的情形；三是没有正当理由连续 3 年不使用的情形；四是已经注册的商标，存在不得作为商标使用的标志等违法情形的；五是以欺骗手段取得商标注册的情形；六是以其他不正当手段取得商标注册的情形；七是注册商标未续展的情形。上述原因由国家知识产权局撤销或依法宣告注册商标无效。

《商标法》第五十条规定，注册商标被撤销、被宣告无效或者期满不再续展的，自撤销、宣告无效或者注销之日起一年内，商标局对与该商标相同或者近似的商标注册申请，不予核准。

132. 第三人是否可以注册他人未在中国注册的驰名商标

商标法不仅保护注册商标，同时对于未注册商标并非不予保护，第三人不可以注册他人未在中国注册的驰名商标；但是需要具备一定的条件，方可以获得商标法保护，那就是必须是未注册的驰名商标。《商标法》第十三条第一款规定，为相关公众所熟知的商标，持有人认为其权利受到侵害时，可以依照商标法规定请求驰名商标保护。该条第二款规定，就相同或者类似商品申请注册的商标是复制、摹仿或者翻译他人未在中国注册的驰名商标，容易导致混淆的，不予注册并禁止使用。该条第三款规定，就不相同或者不相类似商品申请注册的商标是复制、摹仿或者翻译他人已经在中国注册的驰名商标，误导公众，致使该驰名商标注册人的利益可能受到损害的，不予注册并禁止使用。

上述保护情形包括两个方面：一是相同或类似商品上的相同或近似商标且容易导致混淆的不予注册和禁止使用的驰名商标保护制度，二是不相同或不相类似商品上注册相同或近似商标并误导公众的不予注册并禁止使用的驰名商标保护制度。

133. 认定驰名商标应当考虑的因素有哪些

商标权保护通常是以注册为前提，但是依据《商标法》的规定，并非所有未注册商标均不予保护。事实上，中国的商标制度中，对未注册商标同样给予保护，但是需要达到驰名之条件。注册商标具备驰名的条件可以获得跨类保护，驰名商标的认定保护包括未注册商标的驰名认定保护和注册商标的驰名认定保护，中国的驰名商标保护制度基本上遵循了国际规则。

驰名商标保护的起因

国际上关于商标权的取得，主要有使用取得和注册取得两种方式，前者以在先使用商标作为取得商标权的依据，后者以在先注册商标的事实作为取得商标权的依据。商标权具有地域性，往往仅限于一定区域内予以保护，不涉及跨区域保护的问题，如在日本取得商标权，则不可以在中国获得保护；但是随着国际贸易的扩大，国与国之间的交往变得越来越便捷，贸易也越发频繁，事实上，他国的驰名商标未在别国注册但已被别国公众广知的现象并不少见，对此情况予以忽略，极可能造成消费者对商品的来源产生混淆。由此，遏制了商业的正常往来，造成了不当的商业竞争。

国际驰名商标制度

为解决这一问题，《保护工业产权巴黎公约》规定了驰名商标的保护制度。公约规定，本联盟各国承诺，应依职权（如本国法律允许）或依利害关系人的请求，对商标注册国或使用国主管机关认为在该国已经驰名，属于有权享受本公约利益的人所有，并且用于相同或类似商品的商标构成复制、摹仿或翻译，易于产生混淆的商标，拒绝或撤销注册，并禁止使用。

《与贸易有关的知识产权协定》进一步完善了《保护工业产权巴黎公约》中的驰名商标的保护制度。一方面，将保护对象从商品商标扩大到商品或服务商标；另一方面，如果商标已经在成员国注册并且驰名，且他人的使用会表明他人的商品或服务与驰名商标所有者之间存在某种联系，有可能损害驰名商标所有者的利益，那么，其在该成员国的保护范围将由其实际注册的"相同或者类似商品或者服务"，扩大到其未注册的"不相同或者不相类似商品或者服务"。

中国作为《保护工业产权巴黎公约》的成员国，应当履行《保护工业产权巴黎公约》之义务，同时作为《与贸易有关的知识产权协定》的签约国，更应履行协定之义务。

中国驰名商标制度

《商标法》第十三条规定，为相关公众所熟知的商标，持有人认为其权利受到侵害时，可以依照本法规定请求驰名商标保护。该条第二款规定，就相同或者类似商品申请注册的商标是复制、摹仿或者翻译他人未在中国注册的驰名商标，容易导致混淆的，不予注册并禁止使用。该条第三款规定，就不相同或者不相类似商品申请注册的商标是复制、摹仿或者翻译他人已经在中国注册的驰名商标，误导公众，致使该驰名商标注册人的利益可能受到损害的，不予注册并禁止使用。

《商标法》第十四条规定："认定驰名商标应当考虑下列因素：（一）相关公众对该商标的知晓程度；（二）该商标使用的持续时间；（三）该商标的任何宣传工作的持续时间、程度和地理范围；（四）该商标作为驰名商标受保护的记录；（五）该商标驰名的其他因素。"

《最高人民法院关于审理商标授权确权行政案件若干问题的规定》第十二条规定："当事人依据商标法第十三条第二款主张诉争商标构成对其未注册的驰名商标的复制、摹仿或者翻译而不应予以注册或者应予无效的，人民法院应当综合考量如下因素以及因素之间的相互影响，认定是否容易导致混淆：（一）商标标志的近似程度；（二）商品的类似程度；（三）请求保护商标的显著性和知名程度；（四）相关公众的注意程度；（五）其他相关因素。"此外，商标申请人的主观意图以及实际混淆的证据可以作为判断混淆可能性的参考因素。

该规定第十三条规定："当事人依据《商标法》第十三条第三款主张诉争商标构成对其已注册的驰名商标的复制、摹仿或者翻译而不应予以注册或者应予无效的，人民法院应当综合考虑如下因素，以认定诉争商标的使用是否足以使相关公众认为其与驰名商标具有相当程度的联系，从而误导公众，致使驰名商标注册人的利益可能受到损害：（一）引证商标的显著性和知名程度；（二）商标标志是否足够近似；（三）指定使用的商品情况；（四）相关公众的重合程度及注意程度；（五）与引证商标近似的标志被其他市场主体合法使用的情况或者其他相关因素。"

此外，该规定第十四条规定，当事人主张诉争商标构成对其已注册的驰名商标的复制、摹仿或者翻译而不应予以注册或者应予无效，国家知识产权局依据商标法第三十条规定裁决支持其主张的，如果诉争商标注册未满五年，人民法院在当事人陈述意见之后，可以按照商标法第三十条规定进行审理；如果诉争商标注册已满五年，应当适用商标法第十三条第三款进行审理。

驰名商标保护的两种情形

根据《商标法》第十三条和第十四条的规定，驰名商标的保护，包括以下两种情形。

第一种情形，对未在中国注册的驰名商标的保护。就相同或者类似商品申请注册的商标是复制、摹仿或者翻译他人未在中国注册的驰名商标，容易导致混淆的，不予注册并禁止使用。

复制，是指申请注册的商标与他人驰名商标相同。

摹仿，是指申请注册的商标抄袭他人驰名商标，沿袭他人驰名商标的显著部分或者显著特征，即沿袭他人驰名商标赖以起主要识别作用的部分或者特征，包括特定的文字或者其组合方式及字体表现形式、特定图形构成方式及表现形式、特定的颜色组合等。

翻译，是指申请注册的商标将他人驰名商标以不同的语言文字予以表达，且该语言文字已与他人驰名商标建立对应关系，并为相关公众广为知晓或者习惯使用。

类似商品，是指商品在功能、用途、主要原料、生产部门、销售渠道、销售场所、消费对象等方面相同或者相近。

类似服务，是指服务在目的、内容、方式、对象等方面相同或者相近。

容易导致混淆，是指容易导致消费者对商品或者服务来源的误认，包括容易使消费者认为标识申请注册的商标的商品或者服务系由驰名商标所有人生产或者提供；容易使消费者联想到标识申请注册的商标的商品的生产者或者服务的提供者与驰名商标所有人存在某种联系，如合作关系、许可关系等。

第二种情形，对已经在中国注册的驰名商标的保护。就不相同或者不相类似商品申请注册的商标是复制、摹仿或者翻译他人已经在中国注册的驰名商标，误导公众，致使该驰名商标注册人的利益可能受到损害的，不予注册并禁止使用。

误导，是指导致消费者对商品或者服务来源的误认，包括使消费者认为标识申请注册的商标的商品或者服务系由驰名商标所有人生产或者提供；使消费者联想到标识申请注册的商标的商品的生产者或者服务的提供者与驰名商标所有人存在某种联系，如投资关系、许可关系或者合作关系。

驰名商标注册人的利益可能受到损害，是指驰名商标注册人的利益虽然还没有受到实际的损害，但有受到损害的可能性。

认定驰名商标需要考虑下列因素。

一是该商标的持有人认为其权利受到侵害。权利未受到侵害则无行使保护之必要，故在权利未受到侵害的前提下，则无必要进行驰名商标认定保护。权利受到侵害后提出商标保护，并基于商标保护请求认定为驰名商标。唯有认定驰名商标方能实现商标权的保护。

二是驰名商标保护的请求应当由商标持有人提出。根据"个案认定、被动保护"的原则，驰名商标的保护请求应当由商标持有人提出，而不能由商标持有人以外的任何其他人以及机构、组织等提出。根据"个案认定、被动保护"的原则，驰名商标应当根据当事人的请求，作为处理涉及商标案件需要认定的事实进行认定。因此，驰名商标认定的前提有以下两个：①当事人提出了请求；②作为处理涉及商标案件需要认定的事实进行认定。

三是具有一定知名度。商标的知名度要基于以下几个方面确定。

（1）相关公众对该商标的知晓程度。

相关公众对该商标的知晓程度，是指与使用该商标所标示的某类商品或者服务有关的消费者，生产前述商品或者提供服务的其他经营者以及经销渠道中所涉及的销售者和相关人员中，对该商标以及使用该商标商品或者服务的来源所知悉范围的大小、了解情况的多少等。知晓程度较高的则该商标为相关公众所熟知。为相关公众所熟知，是指与使用商标所标示的某类商品或者服务有关的消费者，生产前述商品或者提供服务的其他经营者以及经销渠道中所涉及的销售者和相关人员等，都清楚地知道该商标及使用该商标的商品或者服务的来源。

（2）该商标使用的持续时间。

该商标使用的持续时间，是指该商标不间断地使用于某类商品或者服务上的时间；但是这一条件并非绝对。事实上随着传播形式的变化，特别是当前网络环境下的传播，使得信息的传递变得极为快捷，商标可能在几个小时内变得广为人知。

（3）该商标的任何宣传工作的持续时间、程度和地理范围。

驰名商标应当是公众熟知的商标，要让公众熟知，需要广为宣传，不少消费者对某商品的最初知晓和印象加深就是来自该商品的商标宣传。商标宣传时间的长短、宣传程度的深浅、宣传地理范围的大小，直接决定了知晓该商标人数的多少、了解的程度深浅等。因此，商标的任何宣传工作的持续时间、程度和地理范围，是认定驰名商标应当考虑的一个因素。

（4）该商标作为驰名商标受保护的记录。

（5）该商标驰名的其他因素。

实践中还存在一些商标驰名的其他因素，如使用该商标的主要商品在一定时期的产量、销售量、销售收入、利润极大或者销售区域极广。

总之，驰名商标的认定，所考虑的一些因素并非绝对，随着时间的推移、传播手段的变化，以及人们获取信息的网络化，在认定驰名商标方面，更应该与时俱进，不断变化。

134. 认定驰名商标的机构有哪些

认定驰名商标的机构，需要具备相关条件，涉及认定的主体也并非所有的司法机构或行政机构，在我国，国家知识产权局是行政认定驰名商标的行政机构，人民法院是司法认定驰名商标的司法机构，认定的渠道主要有以下三个。

（1）在商标注册审查、工商行政管理部门查处商标违法案件过程中，当事人依照商标法的有关规定主张权利的，国家知识产权局根据审查、处理案件的需要，可以对商标驰名情况做出认定。

（2）在商标争议处理过程中，国家知识产权局根据处理案件的需要，可以对商标驰名情况做出认定。

（3）在商标民事、行政案件审理过程中，法院根据审理案件的需要，可以对商标驰名情况做出认定，但是并非所有法院都可以认定驰名商标，涉及对驰名商标保护的民事、行政案件，由省、自治区人民政府所在地市，以及计划单列市、直辖市辖区中级人民法院及最高人民法院指定的其他中级人民法院管辖。

驰名商标被认定以后，禁止以驰名商标进行广告宣传，禁止在生产经营中将"驰名商标"字样用于商品、商品包装或者容器上，或者用于广告宣传、展览以及其他商业活动中。从驰名商标的立法本意来看，目的是在于商标保护，而非宣传。

第二节 注册商标救济、交易

135. 商标局驳回商标申请不予公告的情形有哪些

商标注册要遵循商标法规定的情形，商标法规定下列情况均属于驳回申请的情形并不予公告，如已经授权公告的，可以申请国家知识产权局宣告无效。

（1）不以使用为目的的恶意商标注册申请，应当予以驳回。

（2）申请注册和使用商标，没有遵循诚实信用原则。

（3）申请注册的商标，不具有显著特征，不易识别。

（4）与他人在先取得的合法权利相冲突。

（5）同中华人民共和国的国家名称、国旗、国徽、国歌、军旗、军徽、军歌、勋章等相同或者近似的，以及同中央国家机关的名称、标志、所在地特定地点的名称或者标志性建筑物的名称、图形相同的。

（6）同外国的国家名称、国旗、国徽、军旗等相同或者近似的，但经该国政府同意的除外。

（7）同政府间国际组织的名称、旗帜、徽记等相同或者近似的，但经该组织同意或者不易误导公众的除外。

（8）与表明实施控制、予以保证的官方标志、检验印记相同或者近似的，但经授权的除外。

（9）同"红十字""红新月"的名称、标志相同或者近似的。

（10）带有民族歧视性的。

（11）带有欺骗性，容易使公众对商品的质量等特点或者产地产生误认的。

（12）有害于社会主义道德风尚或者有其他不良影响的。

（13）县级以上行政区划的地名或者公众知晓的外国地名，不得作为商标；但是，地名具有其他含义或者作为集体商标、证明商标组成部分的除外。已经注册的使用地名的商标继续有效。

（14）仅有本商品的通用名称、图形、型号的。

（15）仅直接表示商品的质量、主要原料、功能、用途、重量、数量及其他特点的。

（16）其他缺乏显著特征的。

注意：第（14）（15）（16）项申请的标志经过使用取得显著特征，并便于识别的，可以作为商标注册。

（17）以三维标志申请注册商标的，仅由商品自身的性质产生的形状、为获得技术效果而需有的商品形状或者使商品具有实质性价值的形状，不得注册。

（18）就相同或者类似商品申请注册的商标是复制、摹仿或者翻译他人未在中国注册的驰名商标，容易导致混淆的，不予注册并禁止使用。

（19）就不相同或者不相类似商品申请注册的商标是复制、摹仿或者翻译他人已经在中国注册的驰名商标，误导公众，致使该驰名商标注册人的利益可能受到损害的，不予注册并禁止使用。

（20）未经授权，代理人或者代表人以自己的名义将被代理人或者被代表人的商标进行注册，被代理人或者被代表人提出异议的，不予注册并禁止使用。

（21）就同一种商品或者类似商品申请注册的商标与他人在先使用的未注册商标相同或者近似，申请人与该他人具有前款规定以外的合同、业务往来关系或者其他关系而明知该他人商标存在,该他人提出异议的,不予注册。

(22)商标中有商品的地理标志,而该商品并非来源于该标志所标示的地区,误导公众的,不予注册并禁止使用;但是,已经善意取得注册的继续有效。(所称地理标志,是指标示某商品来源于某地区,该商品的特定质量、信誉或者其他特征,主要由该地区的自然因素或者人文因素所决定的标志。)

(23)申请注册的商标,凡不符合《商标法》有关规定或者同他人在同一种商品或者类似商品上已经注册的或者初步审定的商标相同或者近似的,由商标局驳回申请,不予公告。

(24)两个或者两个以上的商标注册申请人,在同一种商品或者类似商品上,以相同或者近似的商标申请注册的,初步审定并公告申请在先的商标;同一天申请的,初步审定并公告使用在先的商标,驳回其他人的申请,不予公告。

(25)申请商标注册损害他人现有的在先权利的。

(26)申请商标注册以不正当手段抢先注册他人已经使用并有一定影响的商标的。

(27)商标代理机构在其经营服务范围之外自己对其他商品服务类别申请注册商标的。

136. 申请人对商标局驳回申请的救济程序是什么

《商标法》第三十四条规定:"对驳回申请、不予公告的商标,商标局应当书面通知商标注册申请人。商标注册申请人不服的,可以自收到通知之日起十五日内向商标评审委员会(今国家知识产权局商标局)申请复审。商标评审委员会(今国家知识产权局商标局)应当自收到申请之日起九个月内做出决定,并书面通知申请人。有特殊情况需要延长的,经国务院工商行政管理部门批准,可以延长三个月。当事人对商标评审委员会(今国家知识产权局商标局)的决定不服的,可以自收到通知之日起三十日内向人民法院起诉。"

对于一审不服的,申请人可以向高级人民法院提起二审诉讼,二审为终审判决，如对二审不服，申请人可以向最高人民法院申请再审，此处申请再审等同于三审制度。对于法院生效判决认定国家知识产权局的驳回决定是错误的，国家知识产权局应当做出授权通知，并给予商标授权公告；反之，驳回原告诉讼请求。

137. 对国家知识产权局初审公告的商标提出异议的主体有哪些

对于商标异议，根据提出的商标注册违法的情形不同，申请异议的主体也不相同。并非所有的商标注册违法行为，任何主体均可以提出异议，对于一些特别的违法情形，仅可以由特定的主体提出。根据违法情形不同，异议主体分为以下两类。

第一类是仅可以由在先权利人或利害关系人提出异议的违法情形的异议主体。此类理由涉及商标注册人注册的商标损害在先权利人或利害关系人相关利益，涉及商标注册人注册的商标违反《商标法》第十三条第二款和第三款、第十五条、第十六条第一款、第三十条、第三十一条、第三十二条规定的情形，归纳出来包括以下几种违法申请注册。

（1）就相同或者类似商品申请注册的商标是复制、摹仿或者翻译他人未在中国注册的驰名商标，容易导致混淆的。

（2）就不相同或者不相类似商品申请注册的商标是复制、摹仿或者翻译他人已经在中国注册的驰名商标，误导公众，致使该驰名商标注册人的利益可能受到损害的。

（3）未经授权，代理人或者代表人以自己的名义将被代理人或者被代表人的商标进行注册。

（4）就同一种商品或者类似商品申请注册的商标与他人在先使用的未注册商标相同或者近似，申请人与该他人具有前款规定以外的合同、业务往来关系或者其他关系而明知该他人商标存在的。

（5）商标中有商品的地理标志，而该商品并非来源于该标志所标示的地区，误导公众的。

（6）申请注册的商标，凡不符合《商标法》有关规定或者同他人在同一种商品或者类似商品上已经注册的或者初步审定的商标相同或者近似的。

（7）两个或者两个以上的商标注册申请人，在同一种商品或者类似商品上，以相同或者近似的商标申请注册的，初步审定并公告申请在先的商标；同一天申请的，初步审定并公告使用在先的商标，驳回其他人的申请，不予公告的。

（8）损害他人现有的在先权利的。

（9）以不正当手段抢先注册他人已经使用并有一定影响的商标的。

第二类是任何人均可以作为异议人提出异议的违法情形的异议主体。此类情形涉及违反《商标法》第四条、第七条第一款、第九条第一款、第十条、第十一条、第十二条、第十九条第四款规定的情形，前述法律规定的情形，任何人均可以向国家知识产权局提出异议，包括以下十七类违法商标注册情形。

（1）不以使用为目的的恶意商标注册申请，应当予以驳回。

（2）申请注册和使用商标，没有遵循诚实信用原则。

（3）申请注册的商标，不具有显著特征，不易识别。

（4）同中华人民共和国的国家名称、国旗、国徽、国歌、军旗、军徽、军歌、勋章等相同或者近似的，以及同中央国家机关的名称、标志、所在地特定地点的名称或者标志性建筑物的名称、图形相同的。

（5）同外国的国家名称、国旗、国徽、军旗等相同或者近似的，但经该国政府同意的除外。

（6）同政府间国际组织的名称、旗帜、徽记等相同或者近似的，但经该组织同意或者不易误导公众的除外。

（7）与表明实施控制、予以保证的官方标志、检验印记相同或者近似的，但经授权的除外。

（8）同"红十字""红新月"的名称、标志相同或者近似的。

（9）带有民族歧视性的。

（10）带有欺骗性，容易使公众对商品的质量等特点或者产地产生误认的。

（11）有害于社会主义道德风尚或者有其他不良影响的。

（12）县级以上行政区划的地名或者公众知晓的外国地名，不得作为商标；但是，地名具有其他含义或者作为集体商标、证明商标组成部分的除外。

（13）仅有本商品的通用名称、图形、型号的。

（14）仅直接表示商品的质量、主要原料、功能、用途、重量、数量及其他特点的。

（15）其他缺乏显著特征的。

注意：第（13）（14）（15）项申请的标志经过使用取得显著特征，并便于识别的，可以作为商标注册。

（16）以三维标志申请注册商标的，仅由商品自身的性质产生的形状、为获得技术效果而需有的商品形状或者使商品具有实质性价值的形状。

（17）商标代理机构在其经营服务范围之外自己对其他商品服务类别申请注册商标的。

异议人对于商标注册的违法情形申请异议，对初步审定公告的商标，自公告之日起三个月内，可以向国家知识产权局提出异议。公告期满无异议的，予以核准注册，发给商标注册证，并予公告。

138. 申请商标异议的程序

对国家知识产权局初步审定予以公告的商标提出异议的，异议人应当向国家知识产权局提交商标异议材料一式两份。商标异议申请书应当写明被异议商标刊登《商标公告》的期号及初步审定号。商标异议申请书应当有明确的请求和事实依据，并附送有关证据材料。

国家知识产权局应当将商标异议材料副本及时送交被异议人，限其自收到商标异议材料副本之日起 30 日内答辩。被异议人不答辩的，不影响国家知识产权局的异议裁定。

当事人需要在提出异议申请或者答辩后补充有关证据材料的，应当在商标异议申请书或者答辩书中声明，并自提交商标异议申请书或者答辩书之日起 3 个月内提交；期满未提交的，视为当事人放弃补充有关证据材料。

《商标法》第三十五条规定，对初步审定公告的商标提出异议的，国家知识产权局应当听取异议人和被异议人陈述事实和理由，经调查核实后，自公告期满之日起十二个月内做出是否准予注册的决定，并书面通知异议人和被异议人。有特殊情况需要延长的，经国务院工商行政管理部门批准，可以延长六个月。

国家知识产权局做出准予注册决定的，发给商标注册证，并予公告。异议人不服的，可以依照《商标法》第四十四条、第四十五条的规定向国家知识产权局请求宣告该注册商标无效。

国家知识产权局做出不予注册决定，被异议人不服的，可以自收到通知之日起十五日内向国家知识产权局申请复审。国家知识产权局应当自收到申请之日起十二个月内做出复审决定，并书面通知异议人和被异议人。有特殊情况需要延长的，经国务院工商行政管理部门批准，可以延长六个月。被异议人对国家知识产权局的决定不服的，可以自收到通知之日起三十日内向人民法院起诉。人民法院应当通知异议人作为第三人参加诉讼。

国家知识产权局在依照前款规定进行复审的过程中，所涉及的在先权利的确定必须以人民法院正在审理或者行政机关正在处理的另一案件的结果为依据的，可以中止审查。中止原因消除后，应当恢复审查程序。

139. 注册商标的保护期是多久

注册商标的有效期是十年，自核准注册之日起计算。对于初步审定的商标，自公告之日起三个月内，无异议或经裁定异议不成立的，给予核准注册，发给商标注册证，并予以公告，自公告之日起，商标注册人享有商标专用权。商标权作为一项知识产权，知识产权所具有的特性，商标权同样具有，如时间性、地域性、专有性等特性。时间性是指取得商标权后，可以在法定期限内予以保护，超过此法定期限的情况下，则不予保护。

140. 什么是注册商标续展

注册商标有效期满，需要继续使用的，商标注册人应当在期满前十二个月内按照规定办理续展手续；在此期间未能办理的，可以给予六个月的宽展期。每次续展注册的有效期为十年，自该商标上一届有效期满次日起计算。期满未办理续展手续的，注销其注册商标。商标局应当对续展注册的商标予以公告。这是《商标法》第四十条规定的内容。

商标续展注册是延长注册商标有效期限，获得长期的专有使用权。商标注册人为防止注册商标有效期满后丧失专有使用权，基于自身商业利益之长久考虑，可申请续展。

如果商标注册人没有续展，国家知识产权局对其注册商标发布注销公告。自注销之日起1年内，国家知识产权局对与该商标相同或者近似的商标注册申请，不予核准。申请续展的应当提供《商标续展注册申请书》，续展注册经核准后，予以公告。

141. 如何办理注册商标转让

转让注册商标的，转让人和受让人应当向知识产权局提交转让注册商标申请书。转让注册商标申请手续由受让人办理。知识产权局核准转让注册商标申请后，发给受让人相应证明，并予以公告。转让注册商标的，转让人和受让人应当签订转让协议，并共同向知识产权局提出申请。

142. 注册商标转让应注意哪些问题

取得商标注册后，商标注册人享有了商标专有使用权，这一使用权利是专有的，且在商标有效期内的专有使用权，非经商标权利人授权同意，不得使用，商标权所体现出来的重要价值在于经济价值，即权利人对商标的专有使用权。因此，商标的转让本质上是让渡专有使用权，同时转让要避免造成商品的混淆及相关不良影响，所以注册商标转让应特别注意以下三点。

（1）商标注册人对其在同一种商品上注册的近似的商标，或者在类似商品上注册的相同或者近似的商标，应当一并转让。未一并转让的，由知识产权局通知其限期改正；期满不改正的，视为放弃转让该注册商标的申请，知识产权局应当书面通知申请人。法律规定涉及近似商标务必一并转让，否则不予核准。商标权的转让不同于有形财产权的转让，也不同于专利权和著作权的转让，它关系到商品的来源和出处，涉及企业的信誉和声誉，在转让商标过程中要特别留意。

（2）对容易导致混淆或者有其他不良影响的转让，商标局不予核准，书面通知申请人并说明理由。

（3）受让人应当保证使用该注册商标的商品质量。这是法律对于受让人的义务性规定，本身对于原商标权利人来讲，并不需要对商标转让完成后商标的使用行为负责，所以由受让人负责商品的质量，自然顺情顺理，符合权责自负原则。

转让注册商标经核准后，予以公告。受让人自公告之日起享有商标专有使用权。

143. 商标使用许可应注意哪些问题

商标使用许可应当签署许可合同，以便明确双方权利与义务。依据《商标法》第四十三条第一款的规定，商标注册人可以通过签订商标使用许可合同，许可他人使用其注册商标。许可人应当监督被许可人使用其注册商标的商品质量。被许可人应当保证使用该注册商标的商品质量。该条第二款规定，经许可使用他人注册商标的，必须在使用该注册商标的商品上标明被许可人的名称和商品产地。该条第三款规定，商标使用许可合同应当报知识产权局备案。

基于上述法律依据，商标使用许可应注意以下问题：一是签订书面许可合同，二是许可人监督被许可人使用注册商标的商品质量，三是在商品上标明被许可人名称和商品产地，四是去知识产权局办理许可合同备案。

当然，并非所有的许可合同都会备案，一般个别的许可合同不会办理备案，对于未办理备案的许可合同，依据《最高人民法院关于审理商标民事纠纷案件适用法律若干问题的解释》第十九条规定，商标使用许可合同未经备案的，不影响该许可合同的效力，但当事人另有约定的除外。《商标法》第四十三条第三款规定，商标使用许可合同未在商标局备案的，不得对抗善意第三人。该解释第二十条规定，注册商标的转让不影响转让前已经生效的商标使用许可合同的效力，但商标使用许可合同另有约定的除外。

不得对抗善意第三人，是指未经备案的商标使用许可合同只能约束合同双方当事人，第三人不了解某一特定的注册商标已经许可他人使用，而与原注册商标所有人依法发生的法律关系受法律保护。

144. 商标使用许可合同包括哪几类

商标使用许可合同主要包括三大类：一是普通使用许可合同，二是排他使用许可合同，三是独占使用许可合同。三类合同的权利与义务并不相同，不同的许可合同其性质、所延伸出的权利也存在明显的差异。《最高人民法院关于审理商标民事纠纷案件适用法律若干问题的解释》第三条规定商标使用许可包括以下三类。

（1）独占使用许可，是指商标注册人在约定的期间、地域和以约定的方式，将该注册商标仅许可一个被许可人使用，商标注册人依约定不得使用该注册商标。

（2）排他使用许可，是指商标注册人在约定的期间、地域和以约定的方式，将该注册商标仅许可一个被许可人使用，商标注册人依约定可以使用该注册商标但不得另行许可他人使用该注册商标。

（3）普通使用许可，是指商标注册人在约定的期间、地域和以约定的方式，许可他人使用其注册商标，并可自行使用该注册商标和许可他人使用其注册商标。

该解释第四条第一款规定，商标法第六十条第一款规定的利害关系人，包括注册商标使用许可合同的被许可人、注册商标财产权利的合法继承人等。

该条第二款规定，在发生注册商标专用权被侵害时，独占使用许可合同的被许可人可以向人民法院提起诉讼；排他使用许可合同的被许可人可以和商标注册人共同起诉，也可以在商标注册人不起诉的情况下，自行提起诉讼；普通使用许可合同的被许可人经商标注册人明确授权，可以提起诉讼。需要注意的是，无论是商标侵权案件、专利侵权案件还是版权维权案件，均适用上述第二款规定的情况确定被许可人的诉权。

145. 商标转让是否影响之前的许可使用权

注册商标的转让不影响转让前已经生效的商标许可使用合同的效力，前提是不存在恶意损害受让人的情形。《最高人民法院关于审理商标民事纠纷案件适用法律若干问题的解释》第二十条规定，注册商标的转让不影响转让前已经生效的商标使用许可合同的效力，但商标使用许可合同另有约定的除外。基于本条规定的情况，受让人应当承受商标许可合同下被许可人继续使用商标的责任，也就是说，在商标转让后，被许可人基于商标使用许可合同的使用并不会构成对受让人的商标侵权行为。

第三节　注册商标争议

146. 任何主体均可申请国家知识产权局撤销已注册商标的理由有哪些

商标注册申请人申请商标注册后，即取得商标专有使用权，商标权的取得是基于国家知识产权局的实质审查决定是否符合商标权授权条件，当审查不存在违法之处，即可取得商标权，但是实质审查也不能完全确保将违法的商标注册全部排除，所以商标注册制度中设计了商标无效制度。商标无效制度是纠偏制度，任何主体均可提出的无效制度即是无论任何主体均可以向国家知识产权局（原商标评审委员会）申请宣告他人注册的商标无效，但是无效理由并非全部理由，此类情形涉及的理由是违反《商标法》第四条、第十条、第十一条、第十二条、第十九条第四款规定的情形，前述法律规定的情形，任何人均可向国家知识产权局提出无效宣告请求，包括以下十七类违法商标注册情形。

（1）《商标法》第四条规定的不以使用为目的的恶意商标注册申请。

（2）同中华人民共和国的国家名称、国旗、国徽、国歌、军旗、军徽、军歌、勋章等相同或者近似的，以及同中央国家机关的名称、标志、所在地特定地点的名称或者标志性建筑物的名称、图形相同的。

（3）同外国的国家名称、国旗、国徽、军旗等相同或者近似的，但经该国政府同意的除外。

(4) 同政府间国际组织的名称、旗帜、徽记等相同或者近似的，但经该组织同意或者不易误导公众的除外。

(5) 与表明实施控制、予以保证的官方标志、检验印记相同或者近似的，但经授权的除外。

(6) 同"红十字""红新月"的名称、标志相同或者近似的。

(7) 带有民族歧视性的。

(8) 带有欺骗性，容易使公众对商品的质量等特点或者产地产生误认的。

(9) 有害于社会主义道德风尚或者有其他不良影响的。不良影响是指商标标志或者其构成要素可能对我国社会公共利益和公共秩序产生消极、负面影响的，如将政治、经济、文化、宗教、民族等领域公众人物姓名等申请注册为商标。

(10) 县级以上行政区划的地名或者公众知晓的外国地名，不得作为商标，但是，地名具有其他含义或者作为集体商标、证明商标组成部分的除外；已经注册的使用地名的商标继续有效。

上述第 (2) 至 (10) 项是《商标法》第十条规定的无效理由。

(11) 仅有本商品的通用名称、图形、型号的。依据法律规定或者国家标准、行业标准属于商品通用名称的，应当认定为通用名称。相关公众普遍认为某一名称能够指代一类商品的，应当认定为约定俗成的通用名称。被专业工具书、辞典等列为商品名称的，可以作为认定约定俗成的通用名称的参考。约定俗成的通用名称一般以全国范围内相关公众的通常认识为判断标准。对于由于历史传统、风土人情、地理环境等原因形成的相关市场固定的商品，在该相关市场内通用的称谓，可以认定为通用名称。明知或者应知其申请注册的商标为部分区域内约定俗成的商品名称的，可以视其申请注册的商标为通用名称。人民法院审查判断诉争商标是否属于通用名称，一般以商标申请日时的事实状态为准。核准注册时事实状态发生变化的，以核准注册时的事实状态判断其是否属于通用名称。

（12）仅直接表示商品的质量、主要原料、功能、用途、重量、数量及其他特点的。

（13）其他缺乏显著特征的。应当根据商标所指定使用商品的相关公众的通常认识，判断该商标整体上是否具有显著特征。商标标志中含有描述性要素，但不影响其整体具有显著特征的；或者描述性标志以独特方式加以表现，相关公众能够以其识别商品来源的，应当认定其具有显著特征。商标为外文标志时，应当根据境内相关公众的通常认识，对该外文商标是否具有显著特征进行审查判断。标志中外文的固有含义可能影响其在指定使用商品上的显著特征，但相关公众对该固有含义的认知程度较低，能够以该标志识别商品来源的，可以认定其具有显著特征。

上述第（11）至（13）项是商标法第十一条规定的无效理由，注意第（11）至（13）项申请的标志经过使用取得显著特征，并便于识别的，可以作为商标注册。

（14）《商标法》第十二条规定的以三维标志申请注册商标的，仅由商品自身的性质产生的形状、为获得技术效果而需有的商品形状或者使商品具有实质性价值的形状。

（15）《商标法》第十九条第四款规定的商标代理机构在其经营服务范围之外自己对其他商品服务类别进行的申请注册。

（16）以欺骗手段申请注册商标。欺骗手段是指申请人采取虚构、隐瞒事实真相，或者伪造申请书及有关文件等方式，取得商标注册。

（17）以其他不正当手段申请注册商标。以其他不正当手段，是指申请人采取除欺骗方式以外的其他不正当方法，如通过给经办人好处等方式，取得商标注册。以欺骗手段以外的其他方式扰乱商标注册秩序、损害公共利益、不正当占用公共资源或者谋取不正当利益的申请商标注册属于本项理由调整范围。

上述十七种理由是法定的任何人均可向国家知识产权局提出无效申请的理由，也就是说，无效宣告申请人只要具备法律主体资格就有权依据上述理由提出无效请求，国家知识产权局应当受理审查。对于其他无效理由，则不属于任何人均可提出无效宣告请求的理由。

此外，国家知识产权局可依职权就上述理由宣告注册商标无效。

《商标法》第四十四条规定，已经注册的商标，违反《商标法》第四条、第十条、第十一条、第十二条、第十九条第四款规定的，或者是以欺骗手段或者其他不正当手段取得注册的，由知识产权局宣告该注册商标无效；其他单位或者个人可以请求商标评审委员会（今国家知识产权局商标局）宣告该注册商标无效。知识产权局做出宣告注册商标无效的决定，应当书面通知当事人。

147. 哪些商标无效理由仅在先权利人或利害关系人有权提出无效宣告请求

商标注册后，一些商标注册会涉及第三人的利益，如侵犯他人的著作权、商号等在先权利，涉及此类无效宣告请求，仅可以由在先权利人或利害关系人提出。此类理由涉及商标注册人注册的商标损害在先权利人或利害关系人相关利益，涉及商标注册人注册的商标违反《商标法》第十三条第二款和第三款、第十五条、第十六条第一款、第三十条、第三十一条、第三十二条规定的情形，归纳起来包括以下九类违法申请注册。

（1）《商标法》第十三条第二款规定，就相同或者类似商品申请注册的商标是复制、摹仿或者翻译他人未在中国注册的驰名商标，容易导致混淆的。

（2）《商标法》第十三条第三款规定，就不相同或者不相类似商品申请注册的商标是复制、摹仿或者翻译他人已经在中国注册的驰名商标，误导公众，致使该驰名商标注册人的利益可能受到损害的。

（3）《商标法》第十五条第一款规定，未经授权，代理人或者代表人以自己的名义将被代理人或者被代表人的商标进行注册，被代理人或被代表人提出异议的。这类违法申请注册包括以下三种情形：①商标代理人、代表人或者经销、代理等销售代理关系意义上的代理人、代表人未经授权，以自己的名义将与被代理人或者被代表人的商标相同或者近似的商标在相同或者类似商品上申请注册的；②在为建立代理或者代表关系的磋商阶段，代理人或者代表人将被代理人或者被代表人的商标申请注册的；③商标申请人与代理人或者代表人之间存在亲属关系等特定身份关系的，可以推定其商标注册行为系与该代理人或者代表人恶意串通。

（4）《商标法》第十五条第二款规定，就同一种商品或者类似商品申请注册的商标与他人在先使用的未注册商标相同或者近似，申请人与该他人具有前款规定以外的合同、业务往来关系或者其他关系而明知该他人商标存在，该他人提出异议的。其他关系包括：①商标申请人与在先使用人之间具有亲属关系；②商标申请人与在先使用人之间具有劳动关系；③商标申请人与在先使用人营业地址邻近；④商标申请人与在先使用人就达成代理、代表关系进行过磋商，但未形成代理、代表关系；⑤商标申请人与在先使用人就达成合同、业务往来关系进行过磋商，但未达成合同、业务往来关系。

（5）《商标法》第十六条第一款规定，商标中有商品的地理标志，而该商品并非来源于该标志所标示的地区，误导公众的。地理标志利害关系人依据《商标法》第十六条主张他人商标不应予以注册或者应予无效，如果诉争商标指定使用的商品与地理标志产品并非相同商品，而地理标志利害关系人能够证明诉争商标使用在该产品上仍然容易导致相关公众误认为该产品来源于该地区并因此具有特定的质量、信誉或者其他特征的，应当予以支持。如果该地理标志已经注册为集体商标或者证明商标，集体商标或者证明商标的权利人或者利害关系人可选择依据该条或者另行依据《商标法》第十四条认定驰名商标或依据第三十条等主张权利。

（6）《商标法》第三十条规定，申请注册的商标，同他人在同一种商品或者类似商品上已经注册的或者初步审定的商标相同或者近似的。

(7)《商标法》第三十一条规定，两个或者两个以上的商标注册申请人，在同一种商品或者类似商品上，以相同或者近似的商标申请注册的，初步审定并公告申请在先的商标；同一天申请的，初步审定并公告使用在先的商标，驳回其他人的申请，不予公告。

(8)《商标法》第三十二条规定，损害他人现有的在先权利的。在先权利包括当事人在诉争商标申请日之前享有的民事权利或者其他应予保护的合法权益，但是需要注意的是，诉争商标核准注册时在先权利已不存在的，不影响诉争商标的注册。

(9)《商标法》第三十二条规定，以不正当手段抢先注册他人已经使用并有一定影响的商标的。在先使用人主张商标申请人以不正当手段抢先注册其在先使用并有一定影响的商标的，如果在先使用商标已经有一定影响，而商标申请人明知或者应知该商标，即可推定其构成以不正当手段抢先注册，但商标申请人举证证明其没有利用在先使用商标商誉的恶意的除外。在先使用人举证证明其在先商标有一定的持续使用时间、区域、销售量或者广告宣传的，人民法院可以认定为该在先商标有一定影响。此外，需要注意的是，本条理由仅限于相同或类似商品，在先使用人主张商标申请人在与其不相类似的商品上申请注册其在先使用并有一定影响的商标的，不属于本条调整的范围。

上述九种违法理由，提出的无效宣告请求主体仅是在先权利人或利害关系人，除此之外，其他任何法律主体均无权提出。

148. 申请宣告注册商标无效的时效期限是多久

申请宣告注册商标无效的理由不同，所涉及的提出宣告无效理由的期限也不相同，但主要分为两类无效期限。

一是没有截止提出无效请求时间的无效宣告请求。

已经注册的商标，违反《商标法》第四条、第十条、第十一条、第十二条、第十九条第四款规定的，或者是以欺骗手段或者其他不正当手段取得注册的，或者恶意注册他人驰名商标的，提出无效宣告请求没有时间限制，且任何法律主体均可以在任何时间内向商标局提出无效宣告请求。商标局有权依职权宣告该商标无效。

商标局依职权做出宣告注册商标无效的决定，应当书面通知当事人，当事人不服申请复审的，商标局自收到申请之日起九个月内做出决定。

其他单位或者个人请求商标评审委员会（今国家知识产权局商标局）宣告注册商标无效的，商标评审委员会（今国家知识产权局商标局）应当自收到申请之日起九个月内做出维持注册商标或者宣告注册商标无效的裁定。有特殊情况的，经国务院工商行政部门批准可以延长三个月审限。

二是自商标核准注册之日起有五年内期限的无效宣告请求。

对已经注册的商标有争议的，违反《商标法》第十三条第二款和第三款、第十五条、第十六条第一款、第三十条、第三十一条、第三十二条规定的，自商标注册之日起五年内，在先权利人或者利害关系人可以自该商标经核准注册之日起五年内请求商标评审委员会（今国家知识产权局商标局）宣告该注册商标无效。

商标评审委员会（今国家知识产权局商标局）应当自收到申请之日起十二个月内做出维持注册商标或者宣告注册商标无效的裁定，并书面通知当事人。有特殊情况需要延长的，经国务院工商行政管理部门批准，可以延长六个月审限。

149. 什么是不得以相同的事实和理由再次提出评审申请

商标评审对于相同的事实和理由实行"一事不再理"原则，《商标法实施条例》第三十五条规定："申请人撤回商标评审申请的，不得以相同的事实和理由再次提出评审申请。商标评审委员会（今国家知识产权局商标局）对商标评审申请已经做出裁定或者决定的，任何人不得以相同的事实和理由再次提出评审申请。"经不予注册复审程序予以核准注册后向商标评审委员会（今国家知识产权局商标局）提起宣告注册商标无效的除外。

相同的事实和理由是指事实完全相同，提出的理由完全相同。如果事实相同理由不同，或事实不同理由相同，则不适用"一事不再理"原则。总体来看，一案中所提出的事实和理由与再案中提出的事实和理由完全相同，无论是申请人自行撤回商标评审申请还是商标评审委员会（今国家知识产权局商标局）已经做出裁定或决定，任何人均不得以相同的事实和理由再次提出评审申请。需要注意的是，上述法条中所说的商标评审案件，包括商标评审委员会（今国家知识产权局商标局）处理的所有无效案件、复审案件等。

《最高人民法院关于审理商标授权确权行政案件若干问题的规定》第二十九条第一款规定，当事人依据在原行政行为之后新发现的证据，或者在原行政程序中因客观原因无法取得或在规定的期限内不能提供的证据，或者新的法律依据提出的评审申请，不属于以"相同的事实和理由"再次提出评审申请。

该条第二款规定，在商标驳回复审程序中，商标评审委员会（今国家知识产权局商标局）以申请商标与引证商标不构成使用在同一种或者类似商品上的相同或者近似商标为由准予申请商标初步审定公告后，以下情形不视为"以相同的事实和理由"再次提出评审申请。

（1）引证商标所有人或者利害关系人依据该引证商标提出异议，国务院工商行政管理部门予以支持，被异议商标申请人申请复审的。

（2）引证商标所有人或者利害关系人在申请商标获准注册后依据该引证商标申请宣告其无效的。

该规定第三十条规定，人民法院生效裁判对于相关事实和法律适用已做出明确认定，相对人或者利害关系人对于商标评审委员会（今国家知识产权局商标局）依据该生效裁判重新做出的裁决提起诉讼的，人民法院依法裁定不予受理；已经受理的，裁定驳回起诉。

150. 如何对国家知识产权局做出的裁定（决定）进行救济

对于国家知识产权局做出的决定或裁定，当事人不服的，可以通过申请复审及诉讼进行救济，诉讼包括一审、二审和再审程序。

商标法关于救济的规定主要体现在第四十四条和第四十五条中，这两个条款中关于救济的规定基本相同，都规定了相同的三十日的起诉期限。

(1)《商标法》第四十四条规定的情形。

已经注册的商标，违反本法第四条、第十条、第十一条、第十二条、第十九条第四款规定的，或者是以欺骗手段或者其他不正当手段取得注册的，由商标局宣告该注册商标无效；其他单位或者个人可以请求商标评审委员会（今国家知识产权局商标局）宣告该注册商标无效。

商标局做出宣告注册商标无效的决定，应当书面通知当事人。当事人对商标局的决定不服的，可以自收到通知之日起十五日内向商标评审委员会（今国家知识产权局商标局）申请复审。商标评审委员会（今国家知识产权局商标局）应当自收到申请之日起九个月内做出决定，并书面通知当事人。有特殊情况需要延长的，经国务院工商行政管理部门批准，可以延长三个月。当事人对商标评审委员会（今国家知识产权局商标局）的决定不服的，可以自收到通知之日起三十日内向人民法院起诉。

其他单位或者个人请求商标评审委员会（今国家知识产权局商标局）宣告注册商标无效的，商标评审委员会（今国家知识产权局商标局）收到申请后，应当书面通知有关当事人，并限期提出答辩。商标评审委员会（今国家知识产权局商标局）应当自收到申请之日起九个月内做出维持注册商标或者宣告注册商标无效的裁定，并书面通知当事人。有特殊情况需要延长的，经国务院工商行政管理部门批准，可以延长三个月。当事人对商标评审委员会（今国家知识产权局商标局）的裁定不服的，可以自收到通知之日起三十日内向人民法院起诉。人民法院应当通知商标裁定程序的对方当事人作为第三人参加诉讼。

(2)《商标法》第四十五条规定的情形。

已经注册的商标，违反本法第十三条第二款和第三款、第十五条、第十六条第一款、第三十条、第三十一条、第三十二条规定的，自商标注册之日起五年内，在先权利人或者利害关系人可以请求商标评审委员会（今国家知识产权局商标局）宣告该注册商标无效。对恶意注册的，驰名商标所有人不受五年的时间限制。

商标评审委员会（今国家知识产权局商标局）收到宣告注册商标无效的申请后，应当书面通知有关当事人，并限期提出答辩。商标评审委员会（今国家知识产权局商标局）应当自收到申请之日起十二个月内做出维持注册商标或者宣告注册商标无效的裁定，并书面通知当事人。有特殊情况需要延长的，经国务院工商行政管理部门批准，可以延长六个月。当事人对商标评审委员会（今国家知识产权局商标局）的裁定不服的，可以自收到通知之日起三十日内向人民法院起诉。人民法院应当通知商标裁定程序的对方当事人作为第三人参加诉讼。

商标评审委员会（今国家知识产权局商标局）在依照前款规定对无效宣告请求进行审查的过程中，所涉及的在先权利的确定必须以人民法院正在审理或者行政机关正在处理的另一案件的结果为依据的，可以中止审查。中止原因消除后，应当恢复审查程序。

需要注意的是，当事人在法定期限届满，对商标局宣告注册商标无效的决定不申请复审或者对商标评审委员会（今国家知识产权局商标局）的复审决定、维持注册商标或者宣告注册商标无效的裁定不向人民法院起诉的，商标局的决定或者商标评审委员会（今国家知识产权局商标局）的复审决定、裁定生效。

（3）法院受理的商标行政案件范围。

法院受理的商标授权确权行政案件，是指相对人或者利害关系人因不服国家知识产权局（原国务院工商行政管理部门商标评审委员会）做出的商标驳回复审、商标不予注册复审、商标撤销复审、商标无效宣告、无效宣告复审等行政行为，向法院提起诉讼的案件。

此外，需要特别注意的是，法院生效裁判对于相关事实和法律适用已做出明确认定，相对人或者利害关系人对于商标评审委员会（今国家知识产权局商标局）依据该生效裁判重新做出的裁决提起诉讼的，法院依法裁定不予受理；已经受理的，裁定驳回起诉。

（4）人民法院审查范围。

人民法院对商标授权确权行政案件进行审查的范围，一般应根据原告的诉讼请求及理由确定。原告在诉讼中未提出主张，商标评审委员会（今国家知识产权局商标局）相关认定存在明显不当的，人民法院在各方当事人陈述意见后，可以对相关事由进行审查并做出裁判。

151. 注册商标被撤销后是否有追溯力

依据我国商标法有关规定，被撤销的注册商标，其商标专有权视为自始不存在，有关撤销注册商标的决定或者裁定，对在撤销前人民法院做出并已执行的商标侵权案件的判决、裁定，工商行政管理部门做出并已执行的商标侵权案件的处理决定，以及已经履行的商标转让或者使用许可合同，不具有追溯力；但是，因商标注册人的恶意给他人造成的损失，应当给予赔偿。

《商标法》第四十七条规定，宣告无效的注册商标，由商标局予以公告，该注册商标专用权视为自始即不存在。所谓自始即不存在，就是从开始注册时就无效，法律上即不承认其法律效力。

宣告注册商标无效的决定或者裁定，对宣告无效前人民法院做出并已执行的商标侵权案件的判决、裁定、调解书和工商行政管理部门做出并已执行的商标侵权案件的处理决定以及已经履行的商标转让或者使用许可合同不具有追溯力；但是，因商标注册人的恶意给他人造成的损失，应当给予赔偿。

对于在宣告无效前的下列事项，不具有追溯力：一是人民法院做出并已执行的商标侵权案件的判决、裁定、调解书，二是工商行政管理部门做出并已执行的商标侵权案件的处理决定，三是已经履行的商标转让合同，四是已经履行的商标使用许可合同。因商标注册人的恶意给他人造成的损失，则应当给予赔偿。如当事人违反《商标法》第三十二条的规定，"以不正当手段抢先注册他人已经使用并有一定影响的商标",又以他人侵犯其注册商标专用权为由,采取诉讼或者其他措施,给他人造成损失的,则应当予以赔偿。

此外,依据上述四种情形已经支付的商标侵权赔偿金、商标转让费、商标使用费,如果不予返还,明显违反公平原则的,应当全部或者部分返还。

152. 申请人可以以哪些在先权利撤销他人已注册的商标

在先权利具体包括专利权、著作权、企业名称权、知名商品特有的名称权、装潢权、网络域名权、自然人肖像权、自然人姓名权等。这些在先权利是基于民事法律获得的权利,如果这些权利取得在先,并具有知名度,同时能够证明商标注册人在注册该商标时存在主观恶意,那么在先权利人可以依据其在先取得的权利申请撤销该已注册的商标。

《最高人民法院关于审理商标授权确权行政案件若干问题的规定》第十八条规定,关于在先权利,包括当事人在诉争商标申请日之前享有的民事权利或者其他应予保护的合法权益。诉争商标核准注册时在先权利已不存在的,不影响诉争商标的注册。实践中,关于主张的在先权利主要包括以下几种。

一是当事人主张诉争商标损害其在先著作权的。商标标志构成受著作权法保护的作品的,当事人提供的涉及商标标志的设计底稿、原件、取得权利的合同、诉争商标申请日之前的著作权登记证书等,均可以作为证明著作权归属的初步证据。此外,商标公告、商标注册证等可以作为确定商标申请人为有权主张商标标志著作权的利害关系人的初步证据。

二是主张损害其姓名权的。如果相关公众认为该商标标志指代了该自然人,容易认为标记有该商标的商品系经过该自然人许可或者与该自然人存在特定联系的,应当认定该商标损害了该自然人的姓名权。当事人以其笔名、艺名、译名等特定名称主张姓名权,该特定名称具有一定的知名度,与该自然人建立了稳定的对应关系,相关公众以其指代该自然人的,也属于被保护范围之内。

三是字号具有一定的市场知名度。他人未经许可申请注册与该字号相同或者近似的商标，容易导致相关公众对商品来源产生混淆，主张在先权利受损的，也属于保护的范围。

四是简称具有一定知名度。当事人以具有一定市场知名度并已与企业建立稳定对应关系的企业名称的简称主张在先权利保护的，也属于在先权利保护的范围。

五是作品中的特有元素。作品中的角色形象、作品名称、角色名称等具有较高知名度，将其作为商标使用在相关商品上容易导致相关公众误认为其经过权利人的许可或者与权利人存在特定联系的，也属于在先权利保护的范围。

六是其他民事权利。

153. 在后登记的著作权登记证书可否作为在先权利证据

著作权是基于著作权法产生的一项权利，自作品创作完成之日起产生，其权利本身无须办理登记即可享有。著作权登记证书仅是证明著作权归属的证明材料，办理著作权登记本身无须实质审查，仅进行形式审查，即著作权登记部门对著作权权利人是否为某人不进行任何实质性审查，因此著作权登记证书仅是证明权利归属的初步证明，如果有其他证据证明权利归属另有其人，则著作权登记证书的证明力无。仅凭在后颁发的著作权登记证书证明之前的商标注册侵犯其在先权利，并依此撤销已注册商标，尚存难度。

因此，所提交的著作权证书要证明享有在先的著作权，需要提供商标申请日之前的著作权登记证书。

154. 商号被注册为商标，可否主张在先权利

公司名称及商号属于公司依法享有的民事权利中的企业名称权，该权利是基于工商登记产生的，自公司登记成立之日起产生，公司依法对企业

名称享有专属的使用权利，非经许可任何人不得非法使用，这种禁止性的使用权包括禁止他人注册为商标使用。在商号属于知名商号，具备知名条件的情况下，有权主张在先权利，并宣告注册商标无效。依据相关法律规定未经许可将他人公司名称注册为商标的，公司名称权利人有权申请商标评审委员会（今国家知识产权局商标局）宣告该注册商标无效。

字号具有一定的市场知名度。他人未经许可申请注册与该字号相同或者近似的商标，容易导致相关公众对商品来源产生混淆，主张在先权利受损的，也属于在先权利保护的范围，可以主张权利保护。

简称具有一定知名度。当事人以具有一定市场知名度并已与企业建立稳定对应关系的企业名称的简称注册商标，也属于在先权利保护的范围，可以主张权利保护。

155. 书名被注册为商标，可否以在先权利受损宣告商标无效

书名的作用主要在于区别不同书的来源，不同的书名必然是不同的书，读者正是基于不同的书名选择阅读的书，所以法律规定书名属于在先权利，但是一些书名可能具有通用性，具有通用性且无独特性的书名，在确定在先权利予以保护时，保护性较弱，如书名《民事诉讼法解读》，属于通用书名，自然很难被单个作者垄断使用。对于此类书名即使被注册为商标，也很难基于书名的在先权利宣告注册商标无效。

反之，如果书名具有独特性，且具有一定知名度，在保护方面，可以获得在先权利之保护。《商标法》第九条规定，申请注册的商标，应当有显著特征，便于识别，并不得与他人在先取得的合法权利相冲突。该法第三十二条规定，申请商标注册不得损害他人现有的在先权利。《最高人民法院关于审理商标授权确权行政案件若干问题的规定》第二十二条规定，当事人主张诉争商标损害角色形象著作权的，人民法院按照本规定第十九条进行审查。对于著作权保护期限内的作品，如果作品名称、作品中的角色名称等具有较高知名度，将其作为商标使用在相关商品上容易导致相关公

众误认为其经过权利人的许可或者与权利人存在特定联系，当事人以此主张构成在先权益的，人民法院予以支持。

综上所述，书名被注册为商标，可否以在先权利受损宣告商标无效要分情况来看，如果是知名书籍，则作品的相关权利人可以申请宣告注册商标无效，如果是非知名的书籍，书名缺乏独特性，则不能申请宣告注册商标无效。需要特别注意的是，涉及的注册类别也并非全类别，仅是在与书籍作品有关的商品类别上，如小说，则可宣告在游戏上注册的商标无效，反之亦然。

156. 知识产权局撤销注册商标的情形及程序是什么

商标使用过程中有违法情形的，应当予以撤销，撤销是由知识产权局行使的行政行为，《商标法》第四十九条规定，商标注册人在使用注册商标的过程中，自行改变注册商标、注册人名义、地址或者其他注册事项的，由地方工商行政管理部门责令限期改正；期满不改正的，由知识产权局撤销其注册商标。注册商标成为其核定使用的商品的通用名称或者没有正当理由连续三年不使用的，任何单位或者个人可以向知识产权局申请撤销该注册商标。知识产权局应当自收到申请之日起九个月内做出决定。有特殊情况需要延长的，经国务院工商行政管理部门批准，可以延长三个月。

撤销情形

依据上述规定撤销注册商标具有以下情形之一，便可由知识产权局依据职权予以撤销，知识产权局撤销，可以依据职权行使。此外，任何人均可以向知识产权局提出撤销申请，但是需要具备以下几种情形。

一是自行改变注册商标。商标注册人使用注册商标，应当基于注册的商标标识予以使用，不得更改注册商标标识，改变注册商标需要重新提出注册申请，自行改变注册商标是商标法予以禁止的情形。

二是自行改变商标注册人名义。注册人也即商标权利人，变更商标注册人也即变更注册商标权利人，改变注册人的应当向商标局提出申请，并经商标局核准后予以登记公告，自行改变注册人名义的行为属于商标法禁止的情形。

三是自行改变注册人地址。注册人的地址属于商标注册事项中最为重要的一个事项，涉及商标相关法律文书送达等事宜，注册人地址的自行变更将会导致商标相关文书无法送达，所以变更商标注册人地址，应当提出申请，并经商标局核准公告。自行改变注册人地址，属于商标法禁止的情形。

四是自行改变其他注册事项。自行改变其他注册事项是指自行改变注册商标、注册人名义、地址以外的其他属于注册的事项，如自行变更商标代理人等，均属于商标法禁止的情形。

特别值得注意的是，对于上述撤销情形，必须满足由地方工商行政管理部门责令限期改正，期满不改正的，方可由知识产权局撤销其注册商标。

五是注册商标成为其核定使用的商品的通用名称。通用名称由于缺乏显著特征，故不可注册为商标，且通用名称属于公用财产，限制公众使用将会损害社会公共利益，已注册的商标，经过一系列的使用，极有可能变为通用名称，一旦成为通用名称，则属于商标法予以禁止注册的情形。

六是注册商标没有正当理由连续3年不使用。注册商标的目的在于使用，同样，商标法规制的商标注册制度根本目的在于使用，且反对囤积及阻碍他人使用。因此，《商标法》规定了连续3年不使用予以撤销的制度。需要特别注意的是，有正当理由的可以3年不使用，正当理由是指不可抗力、政府政策性限制、破产清算、其他不可归责于商标注册人的正当事由。

撤销程序

撤销注册商标的程序根据撤销事由的不同而存在一定的区别，如上所述，对于前四种情形规定了行政责令改正，且拒绝改正为前提条件，对于后两种情形则无此限制；但是不同撤销事由的注册商标撤销程序有一个共同特征，即都需要由知识产权局做出决定。

第一，因自行改变注册事项而导致撤销的程序。商标注册人因"自行改变"注册商标、注册人名义、地址或者其他注册事项的，先由地方工商行政管理部门责令限期改正，逾期不改正的，由知识产权局撤销注册商标。在地方工商行政管理部门限定的期限内，当事人按时改正的，则不撤销其注册商标。

第二，因注册商标成为其核定使用的商品的通用名称的，或者没有正当理由连续3年不使用的，其撤销程序如下：①任何单位或者个人，均可向知识产权局提出请求撤销该注册商标；②知识产权局自收到申请之日起9个月内做出决定。有特殊情况申请延长审限的，经国家工商行政管理部门批准，可以延长3个月。

157. 注册商标如何使用

商标注册后应当予以使用，商标法意义上的使用，是指将商标用于商品、商品包装或者容器以及商品交易文书上，或者将商标用于广告宣传、展览以及其他商业活动中，用于识别商品来源的行为，这是《商标法》第四十八条规定的内容。商标使用的主体合法，是使用的商标须合法，商标的商品或服务项目名称、范围均须合法。

使用方式

注册商标有以下几种使用方式。

（1）将商标用于商品上。例如，服装商标装贴在标签上，汽车商标装贴在进气格栅中部，计算机商标装贴在显示屏底部中间，等等。这些均属于商标在商品上的使用。

（2）将商标用于商品的包装上。例如，打印机包装盒上贴有商标。

（3）将商标用于容器上。例如，在酒瓶上印制商标。

（4）将商标用于交易文书上。例如，在合同文本交易文书上印有商标。

（5）将商标用于广告宣传中。例如，电视广告、网络广告中出现商标。

（6）将商标用于展览中。例如，在展览中使用商标。

（7）将商标用于其他商业活动中。除上述情形外其他商业使用商标的行为，均属于此情形。

使用的特别情形

此外，值得注意的是，依据《最高人民法院关于审理商标授权确权行政案件若干问题的规定》第二十六条规定的情况来看，商标权人自行使用、他人经许可使用以及其他不违背商标权人意志的使用，均可认定为使用。实际使用的商标标志与核准注册的商标标志有细微差别，但未改变其显著特征的，可以视为注册商标的使用。商标权人有真实使用商标的意图，并且有实际使用的必要准备，但因其他客观原因尚未实际使用注册商标的，属于未使用的正当理由。

不属于使用的情形

没有实际使用注册商标，仅有转让或者许可行为，或者仅是公布商标注册信息、声明享有注册商标专用权的，不属于商标使用。

使用目的

商标的使用目的在于识别商品来源。通过商标的使用，使得相关消费者知晓该商标的商品是谁生产的，它的品质是否值得消费者放心。

第四节 商标权的保护

158. 侵犯商标权的认定

商标注册申请人取得商标注册后，即获得了该商标的专有使用权，非经商标权利人同意他人不得商业使用，但保护的范围仅限于核准注册的商标和核定使用的商品。在核准注册的商品类别之外的商品上使用，商标权利人并不享有排除他人使用的权利。

侵犯商标权的情形

依据商标法有关规定，涉及商标侵权的情形类别较多。侵犯商标权的情形主要有以下几种。

（1）未经商标注册人的许可，在同一种商品上使用与其注册商标相同的商标的。

（2）未经商标注册人的许可，在同一种商品上使用与其注册商标近似的商标，或者在类似商品上使用与其注册商标相同或者近似的商标，容易导致混淆的；在同一种商品或者类似商品上将与他人注册商标相同或者近似的标志作为商品名称或者商品装潢使用，误导公众产生商标误认的。

（3）销售侵犯注册商标专用权的商品的。

（4）伪造、擅自制造他人注册商标标识或者销售伪造、擅自制造的注册商标标识的。

（5）未经商标注册人同意，更换其注册商标并将该更换商标的商品又投入市场的。

（6）故意为侵犯他人商标专用权行为提供便利条件，帮助他人实施侵犯商标专用权行为的。提供便利条件是指为侵犯他人商标专用权提供仓储、运输、邮寄、印制、隐匿、经营场所、网络商品交易平台等。

（7）将与他人注册商标相同或者相近似的文字作为企业的字号在相同或者类似商品上突出使用，容易使相关公众产生误认的。

（8）复制、摹仿、翻译他人注册的驰名商标或其主要部分在不相同或者不相类似商品上作为商标使用，误导公众，致使该驰名商标注册人的利益可能受到损害的。

（9）复制、摹仿、翻译他人未在中国注册的驰名商标或其主要部分，在相同或者类似商品上作为商标使用，容易导致混淆的。

（10）将与他人注册商标相同或者相近似的文字注册为域名，并且通过该域名进行相关商品交易的电子商务，容易使相关公众产生误认的。

（11）给他人的注册商标专用权造成其他损害的。

维权主体

商标权人和利害关系人均可以对商标侵权行为予以维权，利害关系人包括注册商标使用许可合同的被许可人、注册商标财产权利的合法继承人等。被许可维权因获得权限不同，在维权中的诉权也存在差异。

独占使用许可合同的被许可人可以向人民法院提起诉讼。独占使用许可是指商标注册人在约定的期间、地域和以约定的方式，将该注册商标仅许可一个被许可人使用，商标注册人依约定不得使用该注册商标。

排他使用许可合同的被许可人可以和商标注册人共同起诉，也可以在商标注册人不起诉的情况下，自行提起诉讼。排他使用许可是指商标注册人在约定的期间、地域和以约定的方式，将该注册商标仅许可一个被许可人使用，商标注册人依约定可以使用该注册商标但不得另行许可他人使用该注册商标。

普通使用许可合同的被许可人经商标注册人明确授权，可以提起诉讼。普通使用许可是指商标注册人在约定的期间、地域和以约定的方式，许可他人使用其注册商标，并可自行使用该注册商标和许可他人使用其注册商标。

此外，商标注册人或者利害关系人在注册商标续展宽展期内提出续展申请，未获核准前，以他人侵犯其注册商标专用权提起诉讼的，也属于维权范围。

管辖法院

因侵犯注册商标专用权行为提起的民事诉讼，由侵权行为的实施地、侵权商品的储藏地或者查封扣押地、被告住所地法院管辖。

侵权商品的储藏地，是指大量或者经常性储存、隐匿侵权商品所在地。

查封扣押地，是指海关、工商等行政机关依法查封、扣押侵权商品所在地。

此外，对于不同侵权行为实施地的多个被告提起的共同诉讼，可以选择其中一个被告的侵权行为实施地法院管辖，但仅对某一被告提起的诉讼，由被告侵权行为实施地的法院管辖。

判定侵权原则

商标标识是否构成相同或近似，一般根据相关公众的注意力予以判断，相关公众是指与商标所标识的某类商品或者服务有关的消费者和与前述商品或者服务的营销有密切关系的其他经营者。

商标相同，是指被控侵权的商标与原告的注册商标相比较，二者在视觉上基本无差别。

商标近似，是指被控侵权的商标与原告的注册商标相比较，其文字的字形、读音、含义或者图形的构图及颜色，或者其各要素组合后的整体结构相似，或者其立体形状、颜色组合近似，易使相关公众对商品的来源产生误认或者认为其来源与原告注册商标的商品有特定的联系。

认定商标相同或者近似按照以下原则进行。

（1）以相关公众的一般注意力为标准。

（2）既要进行对商标的整体比对，又要进行对商标主要部分的比对，比对应当在比对对象隔离的状态下分别进行。

（3）判断商标是否近似，应当考虑请求保护注册商标的显著性和知名度。

159. 如何判断商标近似

商标近似判断，在实务中相对有难度，由于判断者文化差异、性别差异等情形极有可能导致在判断结果上的差异，但是在判断过程中也要遵循一些原则。结合《商标法》《商标法实施条例》《商标审查审理指南》和最高人民法院的相关司法解释等法律规定，就商标近似判断方法汇总如下。

文字商标的审查

文字商标的近似判断应遵循以下原则。

（1）中文商标的汉字构成相同，仅字体或设计、注音、排列顺序不同，易使相关公众对商品或者服务的来源产生误认的，判定为近似商标。

（2）商标由相同外文、字母或数字构成，仅字体或设计不同，易使相关公众对商品或者服务的来源产生误认的，判定为近似商标。

（3）商标由两个外文单词构成，仅单词顺序不同，含义无明显区别，易使相关公众对商品或者服务的来源产生误认的，判定为近似商标。

（4）中文商标由三个或者三个以上汉字构成，仅个别汉字不同，整体无含义或者含义无明显区别，易使相关公众对商品或者服务的来源产生误认的，判定为近似商标。

（5）外文商标由四个或者四个以上字母构成，仅个别字母不同，整体无含义或者含义无明显区别，易使相关公众对商品或者服务的来源产生误认的，判定为近似商标。

（6）商标文字字形近似，易使相关公众对商品或者服务的来源产生误认的，判定为近似商标。

（7）商标文字读音相同或者近似，且字形或者整体外观近似，易使相关公众对商品或者服务的来源产生误认的，判定为近似商标。

（8）商标文字含义相同或近似，易使相关公众对商品或者服务的来源产生误认的，判定为近似商标。

（9）商标文字由字、词重叠而成，易使相关公众对商品或者服务的来源产生误认的，判定为近似商标。

（10）外文商标仅在形式上发生单复数、动名词、缩写、添加冠词、比较级或最高级、词性等变化，但表述的含义基本相同，易使相关公众对商品或者服务的来源产生误认的，判定为近似商标。

（11）商标是在他人在先商标中加上本商品的通用名称、型号，易使相关公众对商品或者服务的来源产生误认的，判定为近似商标。

（12）商标是在他人在先商标中加上某些表示商品生产、销售或使用场所的文字，易使相关公众对商品或者服务的来源产生误认的，判定为近似商标。

（13）商标是在他人在先商标中加上直接表示商品的质量、主要原料、功能、用途、重量、数量及其他特点的文字，易使相关公众对商品或者服务的来源产生误认的，判定为近似商标。

（14）商标是在他人在先商标中加上起修饰作用的形容词或者副词以及其他在商标中显著性较弱的文字，所表述的含义基本相同，易使相关公众对商品或者服务的来源产生误认的，判定为近似商标。

（15）两商标或其中之一由两个或者两个以上相对独立的部分构成，其中显著部分近似，易使相关公众对商品或者服务的来源产生误认的，判定为近似商标。

（16）商标完整地包含他人在先具有一定知名度或者显著性较强的文字商标，易使相关公众认为属于系列商标而对商品或者服务的来源产生误认的，判定为近似商标。

图形商标的审查

图形商标的近似审查应遵循以下原则。

（1）商标图形的构图和整体外观近似，易使相关公众对商品或者服务的来源产生误认的，判定为近似商标。

（2）商标完整地包含他人在先具有一定知名度或者显著性较强的图形商标，易使相关公众认为属于系列商标而对商品或者服务的来源产生误认的，判定为近似商标。

组合商标的审查

组合商标的近似审查应遵循以下原则。

（1）商标汉字部分相同或近似，易使相关公众对商品或者服务的来源产生误认的，判定为近似商标。

（2）商标外文、字母、数字部分相同或近似，易使相关公众对商品或者服务的来源产生误认的，判定为近似商标。

（3）商标中不同语种文字的主要含义相同或基本相同，易使相关公众对商品或者服务的来源产生误认的，判定为近似商标。

（4）商标图形部分近似，易使相关公众对商品或者服务的来源产生误认的，判定为近似商标。

（5）商标文字、图形不同，但排列组合方式或者整体描述的事物基本相同，使商标整体外观或者含义近似，易使相关公众对商品或者服务的来源产生误认的，判定为近似商标。

总之，上述仅是实践中为便于审查员及司法人员判断提供的依据，但是无论何种判断方式，两商标是否不构成明显区别，都要基于相关公众的一般认识予以判断。以相关公众的一般注意力为标准，既要进行对商标的整体比对，又要进行对商标主要部分的比对，比对应当在比对对象隔离的状态下分别进行；判断商标侵权中的近似不限于商标整体的近似，还包括主要部分的近似。判断商标是否近似，应当考虑请求保护注册商标的显著性和知名度。

160. 如何判断类似商品和类似服务

类似商品是指在功能、用途、消费对象、销售渠道等方面相关，或者存在着特定联系的商品。类似服务是指在服务的目的、方式、对象等方面相关，或者存在着特定联系的服务。

《最高人民法院关于审理商标民事纠纷案件适用法律若干问题的解释》第十一条、第十二条规定对于类似商品和类似服务的判断给出了比较情形的定义。

类似商品，是指在功能、用途、生产部门、销售渠道、消费对象等方面相同，或者相关公众一般认为其存在特定联系、容易造成混淆的商品。

类似服务，是指在服务的目的、内容、方式、对象等方面相同，或者相关公众一般认为存在特定联系、容易造成混淆的服务。

商品与服务类似，是指商品和服务之间存在特定联系，容易使相关公众混淆。

认定商品或者服务是否类似，应当根据相关公众对商品或者服务的一般认识综合判断。《商标注册用商品和服务国际分类表》《类似商品和服务区分表》可以作为判断类似商品或者服务的参考依据。

161. 对于商标侵权行为哪些人可以提出侵权指控

注册商标的权利人可以对商标侵权行为提出指控，当然，不仅商标注册人可以提出指控，其他相关商标权利人也可提出指控，在注册商标专用权被侵害时，独占使用许可合同的被许可人可以向人民法院提起诉讼；排他使用许可合同的被许可人可以和商标注册人共同起诉，也可以在商标注册人不起诉的情况下，自行提起诉讼；普通使用许可合同的被许可人经商标注册人明确授权，可以提起诉讼。

依据《最高人民法院关于审理商标民事纠纷案件适用法律若干问题的解释》第三条、第四条、第五条规定的内容来看，注册商标的商标权权利人、独占使用许可的被许可人、排他使用许可的被许可人、普通使用许可的被许可人均有权对商标侵权行为提起维权诉讼，此外其他利害关系人也有权维权，如商标财产权利的合法继承人等，但是维权主体不同是否有权直接提起维权诉讼，也存在差异。

（1）注册商标的商标权权利人有权直接维权，且不受相关限制。

（2）独占使用许可的被许可人有权直接维权。独占使用许可是指商标注册人在约定的期间、地域和以约定的方式，将该注册商标仅许可一个被许可人使用，商标注册人依约定不得使用该注册商标。

（3）排他使用许可的被许可人可以和商标注册人共同起诉，也可以在商标注册人不起诉的情况下，自行提起诉讼。排他使用许可是指商标注册人在约定的期间、地域和以约定的方式，将该注册商标仅许可一个被许可人使用，商标注册人依约定可以使用该注册商标但不得另行许可他人使用该注册商标。

（4）普通使用许可的被许可人经商标注册人明确授权，可以提起诉讼。普通使用许可是指商标注册人在约定的期间、地域和以约定的方式，许可他人使用其注册商标，并可自行使用该注册商标和许可他人使用其注册商标。

注册商标财产权利的合法继承人也可以起诉维权，商标注册人或者利害关系人在注册商标续展宽展期内提出续展申请，未获核准前，以他人侵犯其注册商标专用权提起诉讼的，也属于维权范围。

162. 不构成商标侵权的情形是什么

构成商标侵权需要满足一系列条件，反之则不构成，通常认定商标侵权需要满足在相同或类似商品上使用相同或近似的商标的条件。也就是说，在商品上使用了未经许可的商标，就可能构成侵权；但是下列几种情形，则不构成商标侵权，商标权利人也无权阻止他人使用。

（1）非相同或类似商品上使用相同或近似商标；但是属于驰名商标，误导公众的除外。

（2）相同或类似商品上使用非相同或近似商标。

（3）对于注册商标中含有的本商品的通用名称、图形、型号，注册商标专用权人无权禁止他人正当使用。

（4）注册商标中直接表示商品的质量、主要原料、功能、用途、重量、数量及其他特点的，注册商标专用权人无权禁止他人正当使用。

（5）注册商标中含有的地名，注册商标专用权人无权禁止他人正当使用。

（6）三维标志注册商标中含有的商品自身的性质产生的形状、为获得技术效果而需有的商品形状或者使商品具有实质性价值的形状，注册商标专用权人无权禁止他人正当使用。

（7）商标注册人申请商标注册前，他人已经在同一种商品或者类似商品上先于商标注册人使用与注册商标相同或者近似并有一定影响的商标的，注册商标专用权人无权禁止该使用人在原使用范围内继续使用该商标，但可以要求其附加适当区别标识。

163. 商标侵权案件中如何确定赔偿

商标侵权案件确定赔偿是在定性侵权后涉及的问题，关于如何合理确定赔偿，《商标法》和最高人民法院的相关司法解释给出了具体规定。在确定赔偿方面，一般来说，权利方具有较大主动性，也即如何主张赔偿是由原告方决定的，但是在原告方穷尽相关手段后未能得出合理赔偿计算方式的，法院可在 500 万元额度内酌定赔偿额。确定商标侵权赔偿主要有四种方式，即原告方实际损失、被告方侵权收益、商标许可使用费合理倍数、不超过 500 万元额度的法定赔偿。

《商标法》第六十三条第一款规定，侵犯商标专用权的赔偿数额，按照权利人因被侵权所受到的实际损失确定；实际损失难以确定的，可以按照侵权人因侵权所获得的利益确定；权利人的损失或者侵权人获得的利益难以确定的，参照该商标许可使用费的倍数合理确定。

需要特别注意的是，对恶意侵犯商标专用权，情节严重的，可以在按照上述方法确定数额的一倍以上五倍以下确定赔偿数额。赔偿数额应当包括权利人为制止侵权行为所支付的合理开支。

《商标法》第六十三条第二款规定，人民法院为确定赔偿数额，在权利人已经尽力举证，而与侵权行为相关的账簿、资料主要由侵权人掌握的情况下，可以责令侵权人提供与侵权行为相关的账簿、资料；侵权人不提供或者提供虚假的账簿、资料的，人民法院可以参考权利人的主张和提供的证据判定赔偿数额。

《商标法》第六十三条第三款规定，权利人因被侵权所受到的实际损失、侵权人因侵权所获得的利益、注册商标许可使用费难以确定的，由人民法院根据侵权行为的情节判决给予五百万元以下的赔偿。

《商标法》第六十三条第四款规定，人民法院审理商标纠纷案件，应权利人请求，对属于假冒注册商标的商品，除特殊情况外，责令销毁；对主要用于制造假冒注册商标的商品的材料、工具，责令销毁，且不予补偿；或者在特殊情况下，责令禁止前述材料、工具进入商业渠道，且不予补偿。

《商标法》第六十三条第五款规定，假冒注册商标的商品不得在仅去除假冒注册商标后进入商业渠道。

《商标法》第六十四条第一款规定，注册商标专用权人请求赔偿，被控侵权人以注册商标专用权人未使用注册商标提出抗辩的，人民法院可以要求注册商标专用权人提供此前三年内实际使用该注册商标的证据。注册商标专用权人不能证明此前三年内实际使用过该注册商标，也不能证明因侵权行为受到其他损失的，被控侵权人不承担赔偿责任。

《商标法》第六十四条第二款规定，销售不知道是侵犯注册商标专用权的商品，能证明该商品是自己合法取得并说明提供者的，不承担赔偿责任。

《最高人民法院关于审理商标民事纠纷案件适用法律若干问题的解释》

第十三条规定，确定侵权人的赔偿责任时，可以根据权利人选择的计算方法计算赔偿数额。

该解释第十四条规定，侵权所获得的利益，可以根据侵权商品销售量与该商品单位利润乘积计算；该商品单位利润无法查明的，按照注册商标商品的单位利润计算。

该解释第十五条规定，因被侵权所受到的损失，可以根据权利人因侵权所造成商品销售减少量或者侵权商品销售量与该注册商标商品的单位利润乘积计算。

该解释第十六条规定，权利人因被侵权所受到的实际损失、侵权人因侵权所获得的利益、注册商标使用许可费均难以确定的，人民法院可以根据当事人的请求或者依职权适用商标法第六十三条第三款的规定确定赔偿数额。在确定赔偿数额时，应当考虑侵权行为的性质、期间、后果，侵权人的主观过错程度，商标的声誉及制止侵权行为的合理开支等因素综合确定。当事人就赔偿数额达成协议的，应当准许。

该解释第十七条规定，制止侵权行为所支付的合理开支，包括权利人或者委托代理人对侵权行为进行调查、取证的合理费用。人民法院根据当事人的诉讼请求和案件具体情况，可以将符合国家有关部门规定的律师费用计算在赔偿范围内。

此外，需要特别注意的是，该解释第十八条规定，侵犯注册商标专用权的诉讼时效为三年，自商标注册人或者利害权利人知道或者应当知道权利受到损害以及义务人之日起计算。商标注册人或者利害关系人超过三年起诉的，如果侵权行为在起诉时仍在持续，在该注册商标专用权有效期限内，人民法院应当判决被告停止侵权行为，侵权损害赔偿数额应当自权利人向人民法院起诉之日起向前推算三年计算。

164. 销售侵犯商标权商品的，销售者如何承担责任

在商标侵权案件中，销售者是否承担责任及如何承担责任，根据其是

否存在过错来确定。销售者知道所销售的商品是侵权商品的，应承担停止侵权的法律责任，但是否要赔偿需要视具体情况来定。依据《商标法》第六十四条第二款的规定，销售不知道是侵犯注册商标专用权的商品，能证明该商品是自己合法取得并说明提供者的，不承担赔偿责任。

基于上述规定，销售者不承担赔偿责任的情形，需要具备三个条件。一是销售者不知道是侵权商品。二是能证明该商品是自己合法取得的。能证明该商品是自己合法取得，是指销售者能够提供进货商品的发票、付款凭证及其他证据，从而证明该商品是通过合法途径取得的。三是说明提供者。说明提供者是指销售者能够说明进货商品的提供者的姓名或者名称、住所及其他线索，并且能够查证属实的。

165. 使用者是否承担商标侵权法律责任

侵犯商标权的应当承担法律责任，承担法律责任的主体包括生产经营者，销售者，故意为侵犯商标专用权提供仓储、运输、邮寄、印制、隐匿、经营场所、网络商品交易平台的经营者。上述侵权主体是承担商标侵权法律责任的法律主体，这些主体中并不包括使用者，也就是说，消费者或经营者购买了侵犯商标权的商品或获得了侵犯商标权的服务，并不构成侵犯商标权，无须承担任何法律责任。

166. 商标侵权案件中侵权人承担哪些法律责任

商标法对于侵犯商标权的侵权行为规定了三种法律责任：一是民事责任，二是行政责任，三是刑事责任。上述法律责任，根据不同的侵权行为，分别可以适用不同的法律责任，且打击程度依次递进。

（1）民事责任的承担形式。

《商标法》第六十三条规定的内容主要是民事赔偿，包括经济赔偿和合理费用赔偿。此外，对于假冒注册商标的商品，可以责令销毁，特殊情况可以责令禁止前述材料、工具进入商业渠道。

《商标法》第六十三条第一款规定，侵犯商标专用权的赔偿数额，按照权利人因被侵权所受到的实际损失确定；实际损失难以确定的，可以按照侵权人因侵权所获得的利益确定；权利人的损失或者侵权人获得的利益难以确定的，参照该商标许可使用费的倍数合理确定。对恶意侵犯商标专用权，情节严重的，可以在按照上述方法确定数额的一倍以上五倍以下确定赔偿数额。赔偿数额应当包括权利人为制止侵权行为所支付的合理开支。

《商标法》第六十三条第二款规定，人民法院为确定赔偿数额，在权利人已经尽力举证，而与侵权行为相关的账簿、资料主要由侵权人掌握的情况下，可以责令侵权人提供与侵权行为相关的账簿、资料；侵权人不提供或者提供虚假的账簿、资料的，人民法院可以参考权利人的主张和提供的证据判定赔偿数额。

《商标法》第六十三条第三款规定，权利人因被侵权所受到的实际损失、侵权人因侵权所获得的利益、注册商标许可使用费难以确定的，由人民法院根据侵权行为的情节判决给予五百万元以下的赔偿。

《商标法》第六十三条第四款规定，人民法院审理商标纠纷案件，应权利人请求，对属于假冒注册商标的商品，除特殊情况外，责令销毁；对主要用于制造假冒注册商标的商品的材料、工具，责令销毁，且不予补偿；或者在特殊情况下，责令禁止前述材料、工具进入商业渠道，且不予补偿。

《商标法》第六十三条第五款规定，假冒注册商标的商品不得在仅去除假冒注册商标后进入商业渠道。

（2）行政责任的承担形式。

依据《商标法》第六十条规定的内容，对于侵犯注册商标专用权引起的纠纷，商标权利人也可以请求工商行政管理部门处理。工商行政管理部门处理时，认定侵权行为成立的，责令立即停止侵权行为，没收、销毁侵权商品和主要用于制造侵权商品、伪造注册商标标识的工具，违法经营额五万元以上的，可以处违法经营额五倍以下的罚款，没有违法经营额或者违法经营额不足五万元的，可以处二十五万元以下的罚款。对五年内实施两次以上商标侵权行为或者有其他严重情节的，应当从重处罚。销售不知道是侵犯注册商标专用权的商品，能证明该商品是自己合法取得并说明提供者的，由工商行政管理部门责令停止销售。

(3) 刑事责任的承担形式。

并非所有的商标侵权行为都需要承担法律责任，《商标法》根据侵权行为的性质不同，规定了所承担的责任也不同。涉及刑事责任的主要规定了三种情形。

一是未经注册商标所有人许可，在同一种商品上使用与其注册商标相同的商标的侵权行为。《商标法》第六十七条第一款规定，未经商标注册人许可，在同一种商品上使用与其注册商标相同的商标，构成犯罪的，除赔偿被侵权人的损失外，依法追究刑事责任。《中华人民共和国刑法》（以下简称《刑法》）第二百一十三条规定，未经注册商标所有人许可，在同一种商品、服务上使用与其注册商标相同的商标，情节严重的，处三年以下有期徒刑，并处或者单处罚金；情节特别严重的，处三年以上十年以下有期徒刑，并处罚金。

二是销售明知是假冒注册商标的商品的商标侵权行为。《商标法》第六十七条第三款规定，销售明知是假冒注册商标的商品，构成犯罪的，除赔偿被侵权人的损失外，依法追究刑事责任。《刑法》第二百一十四条规定，销售明知是假冒注册商标的商品，违法所得数额较大或者有其他严重情节的，处三年以下有期徒刑，并处或者单处罚金；违法所得数额巨大或者有其他特别严重情节的，处三年以上十年以下有期徒刑，并处罚金。

三是伪造、擅自制造他人注册商标标识或者销售伪造、擅自制造的注册商标标识的商标侵权行为。《商标法》第六十七条第二款规定，伪造、擅自制造他人注册商标标识或者销售伪造、擅自制造的注册商标标识，构成犯罪的，除赔偿被侵权人的损失外，依法追究刑事责任。《刑法》第二百一十五条规定，伪造、擅自制造他人注册商标标识或者销售伪造、擅自制造的注册商标标识，情节严重的，处三年以下有期徒刑，并处或者单处罚金；情节特别严重的，处三年以上十年以下有期徒刑，并处罚金。

第三章

专利权

第一节 专利总则

167. 什么是专利

依据《中华人民共和国专利法》(以下简称《专利法》)的规定,中国专利仅指取得国家知识产权局专利授权的发明专利、实用新型专利和外观设计专利,未取得专利授权的技术方案或外观设计不能称为专利。专利是发明人将自己的技术方案按照要求撰写完成后,依法经国家知识产权局审查后授权专利权的特定技术方案或设计。

专利具有时间性,也即仅在专利保护期内获得保护,不在保护期内的专利不可以获得专利保护,发明专利保护期为自申请之日起 20 年,实用新型专利保护期为自申请之日起 10 年,外观设计专利保护期为自申请之日起 10 年。

专利具有地域性,仅可在给予授权的国家和地区予以保护,超出授权地域的不予保护,如在中国取得专利权,仅可在中国境内予以保护,不会延伸到美国、日本等境外地区。

专利具有排他性,即仅专利权人有权商业使用专利,其他人非经专利权人许可不得商业使用。

168. 什么是发明专利

发明专利,是指对产品、方法或者其改进所提出的新的技术方案,经国家知识产权局审查,符合授权条件并授予专利的发明创造。发明专利包括产品发明和方法发明。申请发明专利要具备新颖性、创造性和实用性条件。

新颖性，是指该发明不属于现有技术，也没有任何单位或者个人就同样的发明在申请日以前向国务院专利行政部门提出过申请，并记载在申请日以后公布的专利申请文件或者公告的专利文件中。

创造性，是指与现有技术相比，该发明具有突出的实质性特点和显著的进步。

实用性，是指该发明能够制造或者使用，并且能够产生积极效果。

现有技术，是指申请日以前在国内外为公众所知的技术。

产品发明，通常是指物质发明，是关于开发出各类新产品、新材料、新物质等的研究技术方案。产品发明中的产品可以是一个独立、完整的产品，也可以是一个设备或仪器中的部件，如汽车的零部件、化学物质材料中的物质材料等具有新用途的产品。

方法发明是指为制造产品或解决某个技术问题创造出来的制造方法、工艺方法及流程等新的技术方案。方法发明中的方法包括制作产品的方法或实现某种结果的方法，如监测人流数据的方法等。

169. 什么是实用新型专利

实用新型专利是指对产品的形状、构造或者其结合所提出的适于实用的新的技术方案。实用新型专利具有以下特点。一是实用新型专利必须是针对产品的技术方案，而不是方法。二是实用新型专利必须是针对产品的形状、构造或者其结合所提出的技术方案。如涉及方法的改进授权，则不属于实用新型专利授权范畴。三是不属于现有技术。

对于实用新型专利的授权，国家知识产权局仅进行新颖性审查，不进行创造性审查，但是在专利维权案件中需要取得检索报告，以确定是否满足创造性及实用性等实用新型专利授权条件，当检索报告的检索结果是正面结论时，该专利是稳定的，具备维权的条件；反之，则极有可能导致案件中止审理，等待国家知识产权局专利权无效审理结果。实用新型专利的授权虽然仅进行初步审查，但是也须具备新颖性、创造性和实用性的授权条件。

170. 什么是外观设计专利

外观设计，是指对产品的整体或者局部的形状、图案或者其结合以及色彩与形状、图案的结合所做出的富有美感并适于工业应用的新设计。外观设计专利的目的在于保护产品的外观，其中包括如下要点：①对于产品整体或者局部的形状、图案、形状与图案的结合、色彩与形状的结合、色彩与图案的结合、色彩与形状和图案的结合而产生的设计；②外观设计要富于美感并适于工业应用，如不能应用于工业生产则不能成为外观设计专利；③必须是新的设计，不属于现有设计，也即与现有设计相比存在明显的区别。现有设计，是指在申请日以前国内外为公众所知的设计。

《专利法》第二十三条第一款规定，授予专利权的外观设计，应当不属于现有设计；也没有任何单位或者个人就同样的外观设计在申请日以前向国务院专利行政部门提出过申请，并记载在申请日以后公告的专利文件中。

该条第二款规定，授予专利权的外观设计与现有设计或者现有设计特征的组合相比，应当具有明显区别。

该条第三款规定，授予专利权的外观设计不得与他人在申请日以前已经取得的合法权利相冲突。

该条第四款规定，本法所称现有设计，是指申请日以前在国内外为公众所知的设计。

171. 专利申请是否都由国家知识产权局专利局受理审查

依照《专利法》第三条的规定，国务院专利行政部门负责管理全国的专利工作；统一受理和审查专利申请，依法授予专利权。省、自治区、直辖市人民政府管理专利工作的部门负责本行政区域内的专利管理工作。国务院专利行政部门即指国家知识产权局专利局（以下简称专利局），由专利局负责管理全国的专利工作；统一受理和审查专利申请，依法授予专利权。也就是说，国家知识产权局统一受理专利申请，各级省、市知识产权局无权受理专利申请，为方便当事人，国家知识产权局在一些较大城市设立了专利代办处，可以受理专利申请。

172. 什么是职务发明创造

职务发明创造，是指执行本单位的任务或者主要是利用本单位的物质技术条件所完成的发明创造。凡属于上述两者之一的发明，即为职务发明，职务发明创造申请专利的权利属于该单位；申请被批准后，该单位为专利权人。

《专利法》第六条第一款规定，执行本单位的任务或者主要是利用本单位的物质技术条件所完成的发明创造为职务发明创造。职务发明创造申请专利的权利属于该单位，申请被批准后，该单位为专利权人。

《中华人民共和国专利法实施细则》（以下简称《专利法实施细则》）第十三条第一款规定："执行本单位的任务所完成的职务发明创造，是指：（一）在本职工作中做出的发明创造；（二）履行本单位交付的本职工作之外的任务所做出的发明创造；（三）退休、调离原单位后或者劳动、人事关系终止后1年内做出的，与其在原单位承担的本职工作或者原单位分配的任务有关的发明创造。"该条第二款规定，本单位包括临时工作单位；本单位的物质技术条件，是指本单位的资金、设备、零部件、原材料或者不对外公开的技术资料等。

需要注意的是，非职务发明创造，申请专利的权利属于发明人或者设计人；申请被批准后，该发明人或者设计人为专利权人。

《专利法》第六条第三款规定，利用本单位的物质技术条件所完成的发明创造，单位与发明人或者设计人订有合同，对申请专利的权利和专利权的归属做出约定的，从其约定。也就是说，双方有关于申请专利的权利和专利权的归属约定的，应当尊重双方的约定。

173. 职务发明创造与非职务发明创造的区别是什么

按照权利主体划分，发明创造主体可分为职务发明创造和非职务发明创造，除职务发明创造之外的发明创造即为非职务发明创造。非职务发明创造，也即非为执行本单位的任务或者主要是利用本单位的物质技术条件所完成的发明创造。职务发明创造，是指为执行本单位的任务或者主要是利用本单位的物质技术条件所完成的发明创造。

非职务发明创造申请专利的权利属于发明人或者设计人；申请被批准后，该发明人或者设计人为专利权人。职务发明创造申请专利的权利属于单位。

职务发明创造与非职务发明创造的区别在于：①职务发明创造是为了执行本单位任务而进行的发明创造。非职务发明创造并非为执行本单位任务而进行的发明创造。②职务发明创造利用了本单位的物质技术条件。非职务发明创造没有利用本单位的物质技术条件。

174. 职务发明创造的发明人或设计人是否有权在专利申请文件中署名

职务发明创造的申请人虽然是单位，但《专利法》第十六条规定，发明人或者设计人有权在专利文件中写明自己是发明人或者设计人。《专利法实施细则》第十四条规定，专利法所称发明人或者设计人，是指对发明创造的实质性特点做出创造性贡献的人。在完成发明创造过程中，只负责组织工作的人、为物质技术条件的利用提供方便的人或者从事其他辅助工作的人，不是发明人或者设计人。也即无论是否为职务发明创造，发明人或设计人均有权在专利申请文件中署名，表明自己为发明人或设计人，任何人不得压制或阻挠。

依照我国现行法律规定，在提交专利申请时，发明人可以要求不公开发明人姓名，经国家知识产权局审查符合规定的，专利局在专利公报、专利申请单行本、专利单行本及专利证书中均不公布其姓名，并在相应位置注明"请求不公布姓名"字样，发明人也不得再请求重新公布其姓名。

175. 职务发明创造的发明人或设计人是否有权获得奖励和报酬

单位可以与职务发明创造的发明人或设计人约定奖励和报酬，如果没有约定的，则依法给予奖励和支付报酬。依照《专利法》第十五条的规定，被授予专利权的单位应当对职务发明创造的发明人或者设计人给予奖励；发明创造专利实施后，根据其推广应用的范围和取得的经济效益，对发明人或者设计人给予合理的报酬。基于本条规定的情况，职务发明创造的发明人或设计人所获得的利益包括两个方面。

（1）奖励数额。

发明专利的奖励数额是不少于 4000 元 / 件，实用新型和外观设计专利的奖励数额不少于 1500 元 / 件。《专利法实施细则》第七十七条第一款规定，被授予专利权的单位未与发明人、设计人约定也未在其依法制定的规章制度中规定专利法第十六条规定的奖励的方式和数额的，应当自专利权公告之日起 3 个月内发给发明人或者设计人奖金。一项发明专利的奖金最低不少于 4000 元；一项实用新型专利或者外观设计专利的奖金最低不少于 1500 元。

（2）报酬数额。

《专利法实施细则》第九十四条规定，被授予专利权的单位未与发明人、设计人约定也未在其依法制定的规章制度中规定专利法第十五条规定的报酬的方式和数额的，应当依照《中华人民共和国促进科技成果转化法》的规定，给予发明人或者设计人合理的报酬。

《专利法实施细则》第九十二条第一款规定，被授予专利权的单位可以与发明人、设计人约定或者在其依法制定的规章制度中规定专利法第十五条规定的奖励、报酬的方式和数额。该条第二款规定，企业、事业单位给予发明人或者设计人的奖励、报酬，按照国家有关财务、会计制度的规定进行处理。

《专利法实施细则》第九十三条第二款规定，由于发明人或者设计人的建议被其所属单位采纳而完成的发明创造，被授予专利权的单位应当从优发给奖金。

此外，对于职务技术成果的利益分配，完成人也享有利益分配权利。职务技术成果的使用权、转让权属于法人或者其他组织的，法人或者其他组织可以就该项职务技术成果订立技术合同。法人或者其他组织应当从使用和转让该项职务技术成果所取得的收益中提取一定比例，对完成该项职务技术成果的个人给予奖励或者报酬。法人或者其他组织订立技术合同转让职务技术成果时，职务技术成果的完成人享有以同等条件优先受让的权利。职务技术成果是执行法人或者其他组织的工作任务，或者主要是利用法人或者其他组织的物质技术条件所完成的技术成果。

完成技术成果的个人有在有关技术成果文件上写明自己是技术成果完成者的权利和取得荣誉证书、奖励的权利。

176. 合作完成的发明创造其专利申请权和专利权如何归属

合作完成的发明创造其权利应当由合作方共同享有，共同享有的权利包括专利申请权和申请后经国家知识产权局授权的专利权。两个以上单位或者个人合作完成的发明创造，除另有协议的以外，申请专利的权利属于完成或者共同完成的单位或者个人；申请被批准后，申请的单位或者个人为专利权人，这是《专利法》第八条规定的内容。对于合作完成的发明创造其专利申请权和专利权属于合作人共同拥有，对于专利申请权和专利权合作方均可以行使。《专利法》第十四条第一款规定，专利申请权或者专利权的共有人对权利的行使有约定的，从其约定。没有约定的，共有人可以单独实施或者以普通许可方式许可他人实施该专利；许可他人实施该专利的，收取的使用费应当在共有人之间分配。该条第二款规定，除前款规定的情形外，行使共有的专利申请权或者专利权应当取得全体共有人的同意。

此外，合作开发合同的当事人应当按照约定进行投资，包括以技术进行投资；分工参与研究开发工作；协作配合研究开发工作。《最高人民法院关于审理技术合同纠纷案件适用法律若干问题的解释》第十九条第一款规定，分工参与研究开发工作，包括当事人按照约定的计划和分工，共同或者分别承担设计、工艺、试验、试制等工作。该解释第十九条第二款规定，技术开发合同当事人一方仅提供资金、设备、材料等物质条件或者承担辅助协作事项，另一方进行研究开发工作的，属于委托开发合同。由此来看，合作完成发明创造必须是共同参与研究开发工作，而非仅提供资金、设备、材料等物质性工作。

需要特别注意的是，合作开发完成的发明创造，除当事人另有约定的以外，申请专利的权利属于合作开发的当事人共有。当事人一方转让其共有的专利申请权的，其他各方享有以同等条件优先受让的权利。合作开发的当事人一方声明放弃其共有的专利申请权的，可以由另一方单独申请或者由其他各方共同申请。申请人取得专利权的，放弃专利申请权的一方可以免费实施该专利。合作开发的当事人一方不同意申请专利的，另一方或者其他各方不得申请专利。由此来看，对于合作完成的发明创造要申请专利需要合作方共同同意，任何一方不同意的均不得申请专利。

在使用方面，合作方均可自行实施该专利或技术方案，也可以在不具备实施专利或使用技术秘密的条件的情况下，以普通许可方式许可他人实施专利或使用技术秘密。《最高人民法院关于审理技术合同纠纷案件适用法律若干问题的解释》第二十一条规定，技术开发合同当事人依照合同法（今为民法典）的规定或者约定自行实施专利或使用技术秘密，但因其不具备独立实施专利或者使用技术秘密的条件，以一个普通许可方式许可他人实施或者使用的，可以准许。

对于合作开发合同，当事双方可以约定权利归属。此外，由于合同标的技术已经公开，致使技术开发合同履行没有意义的，当事人可以解除合同。

177. 委托完成发明创造的专利申请权和专利权如何归属

委托完成发明创造是委托人委托他人完成某项技术成果工作事宜,通常民事上的委托成果应当由委托人承受,而非受委托人。对于委托完成的发明创造,在委托人和受委托人没有约定的情况下,发明创造的所有权利归属于受委托人,委托人有使用的权利,但是仅限于自己使用,而不能授权他人实施使用。

《专利法》第八条规定,两个以上单位或者个人合作完成的发明创造、一个单位或者个人接受其他单位或者个人委托所完成的发明创造,除另有协议的以外,申请专利的权利属于完成或者共同完成的单位或者个人;申请被批准后,申请的单位或者个人为专利权人。

应当注意,专利权的归属按照完成或共同完成的原则来确定,通常完成发明创造或共同完成发明创造的当事人有权成为专利申请人,但双方另签订协议的除外,双方可以在协议中约定任何一方单独成为专利申请人。同时,完成发明创造一般是指对发明创造的实质性特点做出创造性贡献。

当然,委托方和受托方以协议规定申请专利的权利和专利权归属于委托方或者由双方共有的,应按照协议的约定执行。委托开发完成的发明创造,除当事人另有约定的以外,申请专利的权利属于研究开发人。研究开发人取得专利权的,委托人可以免费实施该专利。研究开发人转让专利申请权的,委托人享有以同等条件优先受让的权利。《最高人民法院关于审理技术合同纠纷案件适用法律若干问题的解释》第十九条第二款规定,技术开发合同当事人一方仅提供资金、设备、材料等物质条件或者承担辅助协作事项,另一方进行研究开发工作的,属于委托开发合同。

委托开发或者合作开发完成的技术秘密成果的使用权、转让权以及利益的分配办法,由当事人约定。没有约定或者约定不明确,依照本法的规定仍不能确定的,当事人均有使用和转让的权利,但委托开发的研究开发人不得在向委托人交付研究开发成果之前,将研究开发成果转让给第三人。

178. 两个以上申请人就同一发明创造申请专利，该授予何人

在我国，发明创造实行一专利一申请原则和先申请原则。同样的发明创造只能授予一项专利权。两个以上的申请人分别就同样的发明创造申请专利的，专利权授予最先申请的人。

《专利法》第九条第一款规定，同样的发明创造只能授予一项专利权。但是，同一申请人同日对同样的发明创造既申请实用新型专利又申请发明专利，先获得的实用新型专利权尚未终止，且申请人声明放弃该实用新型专利权的，可以授予发明专利权。该条第二款规定，两个以上的申请人分别就同样的发明创造申请专利的，专利权授予最先申请的人。

《专利法实施细则》第四十七条第一款规定，两个以上的申请人同日（指申请日；有优先权的，指优先权日）分别就同样的发明创造申请专利的，应当在收到国务院专利行政部门的通知后自行协商确定申请人。该条第二款规定，同一申请人在同日（指申请日）对同样的发明创造既申请实用新型专利又申请发明专利的，应当在申请时分别说明对同样的发明创造已申请了另一专利；未作说明的，依照专利法第九条第一款关于同样的发明创造只能授予一项专利权的规定处理。

如两申请人同日申请，应当协商确定，协商不成的，均不予受理。如果已受理，可以通过无效宣告程序宣告两项专利为无效专利。

179. 专利申请权和专利权转让应注意哪些问题

专利申请权是申请人在申请专利后、专利尚未授权前所享有的相关权利，一旦专利被授权，专利申请权即相应转化为专利权。专利申请权和专利权是可以转让的，但是这种自由的转让仅限于国内单位、公民与国内单位、公民之间的转让。专利被授权后，专利权人在专利权有效期内具有独占实施的权利，专利权人也可以依法与其他实施人签订实施许可合同和转让合同，一旦签订转让合同，并向国家知识产权局登记，由国家知识产权

局予以公告，专利申请权或者专利权的转让即自登记之日起生效。合同生效并在国家知识产权局进行变更后，受让人即成为新的专利权人，享有专利权人的权利并承担相应义务。《专利法实施细则》第十五条第一款规定，除依照专利法第十条规定转让专利权外，专利权因其他事由发生转移的，当事人应当凭有关证明文件或者法律文书向国务院专利行政部门办理专利权转移手续。

专利申请权或专利权转让给外国人、外国企业或者外国其他组织的，应当依照有关法律、行政法规的规定办理手续，转让方能生效，否则，专利申请权和专利权不能转让。

《专利法》第十条第一款规定，专利申请权和专利权可以转让。该条第二款规定，中国单位或者个人向外国人、外国企业或者外国其他组织转让专利申请权或者专利权的，应当依照有关法律、行政法规的规定办理手续。该条第三款规定，转让专利申请权或者专利权的，当事人应当订立书面合同，并向国务院专利行政部门登记，由国务院专利行政部门予以公告。专利申请权或者专利权的转让自登记之日起生效。

《专利法》第十条第二款规定的情况，应适用《中华人民共和国对外贸易法》第十六条和《中华人民共和国技术进出口管理条例》（以下简称《技术进出口管理条例》）的有关规定，《技术进出口管理条例》第六条规定，国务院对外经济贸易主管部门（以下简称国务院外经贸主管部门）依照对外贸易法和本条例的规定，负责全国的技术进出口管理工作。省、自治区、直辖市人民政府外经贸主管部门根据国务院外经贸主管部门的授权，负责本行政区域内的技术进出口管理工作。

综合上述法律依据，可以概括为以下几点。

（1）中国单位或者个人向外国人转让专利申请权或者专利权的，必须经国务院有关主管部门（商务部）批准。

（2）转让专利申请权或者专利权的，让与人与受让人应当订立书面合同。

（3）转让专利申请权或者专利权的让与人与受让人订立转让合同后，

应当向国务院专利行政部门办理登记。专利申请权或者专利权的转让自登记之日起生效。

（4）国防专利申请权和国防专利权只能向国内的中国单位或者中国公民转让，禁止向国外的单位或者个人转让。转让国防专利申请权或者国防专利权的，属于全民所有制单位的，须经该单位上级主管部门批准；属于集体所有制单位或者个人的，须经国防专利局批准。向中外合资经营企业、中外合作经营企业转让国防专利申请权或者国防专利权的，须向国防专利局提出申请，由国防专利局报中华人民共和国国防科学技术工业委员会批准。

（5）国务院专利行政部门对已经登记的专利申请权或者专利权的转让，应当予以公告，转让自公告之日起生效。

180. 专利实施强制许可及其情形如何

专利实施强制许可是指国家专利行政部门依据职权对相关专利实施许可的行为。强制许可是在特定的情况下，国家有关部门依照法律规定对特定专利权进行推广应用的行为，被许可使用相关专利的特定单位或者个人无须取得专利权人的许可，但是应当按照国家规定向专利权人支付使用费。

专利实施强制许可的情形有以下几种。

（1）《专利法》第五十三条第（一）项规定的专利权人自专利权被授予之日起满三年，且自提出专利申请之日起满四年，无正当理由未实施或者未充分实施其专利的。《专利法实施细则》第八十九条规定，未充分实施其专利，是指专利权人及其被许可人实施其专利的方式或者规模不能满足国内对专利产品或者专利方法的需求。需要注意的是，对于该项强制实施许可，申请专利实施强制许可的单位或者个人应当提供证据，证明其以合理的条件请求专利权人许可其实施专利，但未能在合理的时间内获得许可。

（2）《专利法》第五十三条第（二）项规定的专利权人行使专利权的行为被依法认定为垄断行为，为消除或者减少该行为对竞争产生的不利影响的。值得注意的是，该项专利实施强制许可主要是为了供应国内市场。

（3）《专利法》第五十四条规定，在国家出现紧急状态或者非常情况时，或者为了公共利益的目的，国务院专利行政部门可以给予实施发明专利或者实用新型专利的强制许可。

（4）《专利法》第五十五条规定的为了公共健康目的，对取得专利权的药品，国务院专利行政部门可以给予制造并将其出口到符合中华人民共和国参加的有关国际条约规定的国家或者地区的强制许可。需要注意的一点是，该项强制实施许可主要是为了供应国内市场。《专利法实施细则》第八十九条第二款规定，专利法第五十五条所称取得专利权的药品，是指解决公共健康问题所需的医药领域中的任何专利产品或者依照专利方法直接获得的产品，包括取得专利权的制造该产品所需的活性成分以及使用该产品所需的诊断用品。《专利法实施细则》第九十条第四款规定，国务院专利行政部门依照专利法第五十五条的规定做出给予强制许可的决定，应当同时符合中国缔结或者参加的有关国际条约关于为了解决公共健康问题而给予强制许可的规定，但中国做出保留的除外。

（5）《专利法》第五十六条规定，一项取得专利权的发明或者实用新型比前已经取得专利权的发明或者实用新型具有显著经济意义的重大技术进步，其实施又有赖于前一发明或者实用新型的实施的，国务院专利行政部门根据后一专利权人的申请，可以给予实施前一发明或者实用新型的强制许可。在依照前款规定给予实施强制许可的情形下，国务院专利行政部门根据前一专利权人的申请，也可以给予实施后一发明或者实用新型的强制许可。

需要注意的一点是，《专利法》第五十七条规定，强制许可涉及的发明创造为半导体技术的，其实施限于公共利益的目的和本法第五十三条第（二）项规定的情形。

国务院专利行政部门做出的给予实施强制许可的决定，应当及时通知专利权人，并予以登记和公告。

此外，给予实施强制许可的决定，应当根据强制许可的理由规定实施的范围和时间。强制许可的理由消除并不再发生时，国务院专利行政部门应当根据专利权人的请求，经审查后做出终止实施强制许可的决定。

181. 专利实施强制许可的被许可人有哪些权利和义务

取得实施强制许可的单位或者个人不享有独占的实施权，并且无权允许他人实施，同时不影响原专利权人专利权的其他权利。取得实施强制许可的单位或者个人应当付给专利权人合理的使用费，或者依照中华人民共和国参加的有关国际条约的规定处理使用费问题。

《专利法》第六十一条规定，取得实施强制许可的单位或者个人不享有独占的实施权，并且无权允许他人实施。该法第六十二条规定，取得实施强制许可的单位或者个人应当付给专利权人合理的使用费，或者依照中华人民共和国参加的有关国际条约的规定处理使用费问题。付给使用费的，其数额由双方协商；双方不能达成协议的，由国务院专利行政部门裁决。

182. 对专利实施强制许可决定不服的救济途径有哪些

强制许可时，付给使用费的，其数额由专利权人和被许可人协商；双方不能达成协议的，由国务院专利行政部门裁决，双方依照裁决执行。

《专利法实施细则》第九十一条规定，依照专利法第六十二条的规定，请求国务院专利行政部门裁决使用费数额的，当事人应当提出裁决请求书，并附具双方不能达成协议的证明文件。国务院专利行政部门应当自收到请求书之日起三个月内做出裁决，并通知当事人。专利权人对国务院专利行政部门关于实施强制许可的决定不服的，或者专利权人和取得实施强制许可的单位或者个人对国务院专利行政部门关于实施强制许可的使用费的裁决不服的，可以自收到通知之日起三个月内向人民法院起诉。人民法院应当依法受理，并审查国务院专利行政部门的行政裁决是否合法。

第二节 专利申请及授权

183. 申请专利应当提交什么材料

申请发明或者实用新型专利的,应当提交请求书、说明书及其摘要和权利要求书等文件。请求书应当写明发明或者实用新型的名称,发明人的姓名,申请人姓名或者名称、地址以及其他事项。说明书应当对发明或者实用新型做出清楚、完整的说明,以所属技术领域的技术人员能够实现为准;必要的时候,应当有附图。摘要应当简要说明发明或者实用新型的技术要点。权利要求书应当以说明书为依据,清楚、简要地限定要求专利保护的范围。

申请外观设计专利的,应当提交请求书、该外观设计的图片或者照片以及对该外观设计的简要说明等文件。申请人提交的有关图片或者照片应当清楚地显示要求专利保护的产品的外观设计。

184. 专利申请日如何确定

国务院专利行政部门收到专利申请文件之日为申请日。如果申请文件是邮寄的,以寄出的邮戳日为申请日;但随后申请人又补交了附图的,应当以补交附图之日为申请日。

185. 专利文件送达如何确定

申请人在提交专利申请时，应当在请求书中明确记载申请人的地址，国家知识产权局按照申请人提供的地址进行送达，申请人也可以依法委托代理机构，则代理机构在请求书中的地址即为送达地址。

专利审查过程中，国家知识产权局文件发出 15 日视为文件已经送达。

186. 什么是专利申请优先权

优先权是指一项由第一次申请专利、工业设计或商标触发的，有时间限制的权利。该第一次申请的权利人或继承人可以在一定期限内就同一主体再次提出知识产权申请。

对于专利申请而言，申请人自发明或者实用新型在外国或在中国第一次提出专利申请之日起十二个月内，或者自外观设计在外国第一次提出专利申请之日起六个月内，又在中国就相同主题提出专利申请的，依照该外国同中国签订的协议或者共同参加的国际条约，或者依照相互承认优先权的原则，可以享有优先权，分别称为外国优先权和本国优先权。

要求优先权成立的，则第一次申请的日期即为申请文件的申请日。

187. 申请专利优先权如何办理

依照我国法律规定，优先权想要成立须满足依申请提出、提供相关证明文件并缴纳相应费用的条件，方能生效。具体而言，申请人要求优先权的，应当在申请的时候提出书面声明，并且在三个月内提交第一次提出的专利申请文件的副本；未提出书面声明或者逾期未提交专利申请文件副本的，视为未要求优先权。

188. 专利申请人是否可以要求多项优先权

依照《专利法》的有关规定，申请人可以要求一项优先权或者多项优先权，要求多项优先权时，作为多项优先权基础的外国首次申请可以是在不同的国家或政府间组织提出的；要求外国优先权的申请中，除包括作为外国优先权基础的申请中记载的技术方案外，还可以包括一个或多个新的技术方案，只是与原申请文件中相同的部分享有优先权，而未出现在原文件中的技术方案不享有原申请文件的优先权。

要求多项优先权而在声明中未写明或者错写某个在先申请的申请日、申请号和原受理机构名称中的一项或者两项内容的，应当限期补正，期满未答复或者补正后仍不符合规定的，视为未要求该项优先权。

189. 专利申请人申请本国优先权的限制有哪些

依据《专利法》第二十九条第二款规定，申请人自发明或者实用新型在中国第一次提出专利申请之日起十二个月内，或者自外观设计在中国第一次提出专利申请之日起六个月内，又向国务院专利行政部门就相同主题提出专利申请的，可以享有优先权。

基于上述法律规定享有本国优先权的专利申请应当满足以下条件。

（1）只限于发明或者实用新型专利申请。
（2）必须是相同主题的发明或者实用新型专利申请。
（3）在中国第一次提出专利申请后又向专利局提出专利申请。
（4）自首次申请之日起十二个月内提出。

应当注意，当申请人要求本国优先权时，作为本国优先权基础的中国首次申请，自中国在后申请提出之日起即被视为撤回。

此外，《专利法》第三十条规定，申请人要求发明、实用新型专利优先权的，应当在申请的时候提出书面声明，并且在第一次提出申请之日起十六个月内，提交第一次提出的专利申请文件的副本。申请人要求外观设计专利优先权的，应当在申请的时候提出书面声明，并且在三个月内提交第一次提出的专利申请文件的副本。申请人未提出书面声明或者逾期未提交专利申请文件副本的，视为未要求优先权。

190. 什么是专利申请中的一申请原则

依照《专利法》第三十一条的规定，一件发明或者实用新型专利申请应当限于一项发明或者实用新型。属于一个总的发明构思的两项以上的发明或者实用新型，可以作为一件申请提出。一件外观设计专利申请应当限于一项外观设计。同一产品两项以上的相似外观设计，或者用于同一类别并且成套出售或者使用的产品的两项以上外观设计，可以作为一件申请提出。

专利申请在初步审查中，当一件专利申请包含了两项以上完全不相关联的发明时，审查员会发出审查意见通知书，通知申请人修改其专利申请，使其符合单一性规定；申请人无正当理由而又拒绝对其申请进行修改的，审查员可以做出驳回决定。

191. 被授予专利权之前，申请人是否可以撤回专利申请

在授予专利权之前，申请人可以随时撤回专利申请，申请人撤回专利申请的，应当向国务院专利行政部门提出声明，写明发明创造的名称、申请号和申请日，专利局一经收到，申请予以撤回。

撤回专利申请的声明在国务院专利行政部门做好公布专利申请文件的印刷准备工作后提出的，申请文件仍予公布；但是，撤回专利申请的声明应当在以后出版的专利公报上予以公告。

192. 申请人对专利文件修改的限制有哪些

实用新型或者外观设计专利申请人自申请日起两个月内，可以对实用新型或者外观设计专利申请主动提出修改。发明专利申请人在提出实质审查请求时以及在收到国务院专利行政部门发出的发明专利申请进入实质审查阶段通知书之日起的三个月内，申请人可以对发明专利申请主动提出修改。

申请人对其专利申请文件进行修改时，对发明和实用新型专利申请文件的修改不得超出原说明书和权利要求书记载的范围，对外观设计专利申请文件的修改不得超出原图片或者照片表示的范围。

超过范围，即不能被接受，专利局会要求补正，逾期补正即不会被授予专利权。

193. 哪些类型的专利仅进行初步审查即可授予专利权

依据我国专利法有关规定，实用新型专利和外观设计专利初步审查合格后，即会授予专利权，但是实用新型专利会进行新颖性审查，审查后具有新颖性的，则授予实用新型专利权。对于发明专利权，除进行形式审查外，还要经实质审查，未发现不符合专利法及其细则之处的，即会授予发明专利权。

194. 国家知识产权局专利局对申请发明专利进行初步审查的内容有哪些

依据《专利法》的规定对发明创造进行初步审查的内容主要包括以下四个部分。

（1）申请文件是否包含请求书、说明书、权利要求书、摘要等内容，上述文件的形式是否符合要求。

（2）申请文件是否存在明显违背法律、违背社会公德、属于不可授予专利权的内容,是否属于重复申请,修改是否超过原申请范围,等等。

(3) 专利申请其他文件,如优先权、保藏证明、实物模型等其他文件,是否符合专利法及实施细则的规定。

(4) 是否依法缴纳了相关申请费用。

195. 什么是申请专利中的实质审查

实质审查是指在初步审查之后,针对发明专利是否具有专利授权的三性进行的审查,经审查发现没有不符合专利法规定的不予授权的所有法律禁止情形的,专利局做出予以授权决定。

也就是说,专利局除进行形式上的审查外,还要在检索到的现有技术的基础上,确定发明专利申请是否符合专利法及实施细则中新颖性、创造性和实用性的规定,并最终做出是否授权的决定。

实质审查绝大多数情况下应申请人的请求而启动,特殊情形下,专利局也能直接启动实质审查程序。

196. 专利申请人申请发明专利逾期申请实质审查的后果是什么

依照《专利法》第三十五条的规定,发明专利申请自申请日起三年内,国务院专利行政部门可以根据申请人随时提出的请求,对其申请进行实质审查;申请人无正当理由逾期不请求实质审查的,该申请即被视为撤回。

197. 什么是申请专利中的分案申请

依据《专利法》的规定,在专利申请中,如果申请包含两项以上发明的,若该两项均能单独构成一件申请,放在一个申请文件中不符合单一性的要求,因此发明申请人应当依法提出分案申请,在原申请保留的情况下,重新提出一件专利申请,新提出的申请相对于原申请而言,为分案申请。

需要注意的是，分案申请同样不能超出原申请文件的范围。

198. 申请发明专利经实质审查，应当予以驳回的情形有哪些

依据《专利法》规定进行实质审查是发明专利授权的必要条件，只有经实质审查后，发现不存在不予授权的情形，方可给予授权。经实质审查后，应当予以驳回的情形有以下几种。

（1）专利申请的主题违反法律、社会公德或者妨害公共利益，或者申请的主题是违反法律、行政法规的规定获取或者利用遗传资源，并依赖该遗传资源完成的，或者申请的主题属于《专利法》第二十五条规定的不授予发明专利权的客体。

（2）专利申请不是对产品、方法或者其改进所提出的新的技术方案。

（3）专利申请所涉及的发明在中国完成，且向外国申请专利前未报经专利局进行保密审查的。

（4）专利申请的发明不具备新颖性、创造性或实用性。

（5）专利申请没有充分公开请求保护的主题，或者权利要求未以说明书为依据，或者权利要求书未清楚、简要地限定要求专利保护的范围。

（6）专利申请是依赖遗传资源完成的发明创造，申请人在专利申请文件中没有说明该遗传资源的直接来源和原始来源；对于无法说明遗传资源的原始来源的，也没有陈述理由。

（7）专利申请不符合专利法关于发明专利申请单一性的规定。

（8）专利申请的发明是依照《专利法》第九条规定不能取得专利权的。

（9）独立权利要求缺少解决技术问题的必要技术特征。

（10）申请的修改或者分案的申请超出原说明书和权利要求书记载的范围。

199. 授予发明专利的条件有哪些

根据我国专利法的有关规定来看，发明专利授权条件为发明或者实用新型须具备三性，即应当具备新颖性、创造性、实用性。

新颖性，是指该发明或者实用新型不属于现有技术，也没有任何单位或者个人就同样的发明或者实用新型在申请日以前向国务院专利行政部门提出过申请，并记载在申请日以后公布的专利申请文件或者公告的专利文件中。

创造性，是指与现有技术相比，该发明具有突出的实质性特点和显著的进步，该实用新型具有实质性特点和进步。

实用性，是指该发明或者实用新型能够制造或者使用，并且能够产生积极效果。

专利法所称现有技术，是指申请日以前在国内外为公众所知的技术。

200. 什么是现有技术

现有技术是指申请日以前在国内外为公众所知的技术。现有技术包括在申请日（有优先权的，指优先权日）以前在国内外出版物上公开发表、在国内外公开使用或者以其他方式为公众所知的技术。

现有技术应当是在申请日以前公众能够得知的技术内容。换句话说，现有技术应当在申请日以前处于能够为公众获得的状态，并包含能够使公众从中得知实质性技术知识的内容。应当注意，处于保密状态的技术内容不属于现有技术。保密状态不仅包括受保密规定或协议约束的情形，还包括社会观念或者商业习惯上被认为应当承担保密义务的情形，即默契保密的情形；但是保密技术被公知的，则不再属于保密技术，自泄露之日起即属于现有技术。

201. 什么是在先取得的合法权利

在先取得的合法权利，通常即为在先权利，该在先权利包括所有合法的民事权利，如商号权、姓名权、商标权、著作权等权利。实践中，在外观设计专利中多涉及在先权利，如申请的外观设计图片中含有他人企业的商号权、商标权、姓名权等权利。这些权利有一个共同点，即均是在外观设计专利申请日前已经存在的民事权利。知识产权保护的原则之一，在于保护在先权利，也就是谁的权利在先则保护谁，是分先后顺序予以保护，在后的知识产权权利与在先的知识产权权利冲突的情况下，优先保护在先的知识产权权利。

202. 申请专利的发明创造在申请日前六个月内有哪些情形不丧失新颖性

申请专利的发明创造在申请日以前六个月内，有下列情形之一的，不丧失新颖性。

（1）在中国政府主办或者承认的国际展览会上首次展出的。
（2）在规定的学术会议或者技术会议上首次发表的。
（3）他人未经申请人同意而泄露其内容的。

即这三种情况不构成影响该申请的现有技术。所说的六个月期限，称为"宽限期"，或者称为"优惠期"。

203. 不授予专利权的情形有哪些

《专利法》第二十五条的规定，对下列各项，不授予专利权。

（1）科学发现。
（2）智力活动的规则和方法。
（3）疾病的诊断和治疗方法。

（4）动物和植物品种。

（5）原子核变换方法以及用原子核变换方法获得的物质。

（6）对平面印刷品的图案、色彩或者二者的结合做出的主要起标识作用的设计。

对上述第（4）项所列产品的生产方法，可以依照《专利法》的规定授予专利权。

204. 实用新型和外观设计专利的授权条件是什么

实用新型和外观设计专利经形式审查合格后，未发现不予受理的条件的，应当授予专利权，而不再进行实质审查；但是实用新型专利需要进行新颖性审查，经审查发现不存在不符合新颖性条件的，予以授权。

在进行形式审查时，从审查文件的种类和内容，是否违反法律、行政法规的规定，附属文件是否符合法律规定，是否缴纳了申请费用四个方面进行，如不符合规定，审查员发出通知书，申请人补正合格后即授予专利权。

205. 专利权自何时生效

对于发明专利，经实质审查没有发现驳回理由的，由国务院专利行政部门做出授予发明专利权的决定，发给发明专利证书，同时予以登记和公告。发明专利权自公告之日起生效。

对于实用新型和外观设计专利申请经初步审查没有发现驳回理由的，由国务院专利行政部门做出授予实用新型专利权或者外观设计专利权的决定，发给相应的专利证书，同时予以登记和公告。实用新型专利权和外观设计专利权自公告之日起生效。

206. 专利申请人对国务院专利行政部门驳回申请的决定不服的救济程序有哪些

专利申请人对国务院专利行政部门驳回申请的决定不服的，可以自收到通知之日起三个月内，向国务院专利行政部门请求复审。国务院专利行政部门复审后，做出决定，并通知专利申请人。

专利申请人对国务院专利行政部门的复审决定不服的，可以自收到复审决定通知之日起三个月内向北京知识产权法院起诉。

207. 申请人申请专利复审期间是否可以修改专利文件

申请人可以在专利复审期间对专利申请文件做出修改，但是修改应当遵循以下原则。

（1）不得超出原申请文件的范围。
（2）对申请文件的修改应当仅限于消除驳回决定或者合议组指出的缺陷。

下列情形通常不符合规定。

（1）修改后的权利要求相对于驳回决定针对的权利要求扩大了保护范围。
（2）将与驳回决定针对的权利要求所限定的技术方案缺乏单一性的技术方案作为修改后的权利要求。
（3）改变权利要求的类型或者增加权利要求。
（4）针对驳回决定指出的缺陷未涉及的权利要求或者说明书进行修改，但修改明显文字错误，或者修改与驳回决定所指出缺陷性质相同的缺陷的情形除外。

208. 国务院专利行政部门受理复审请求后，如何做出复审决定

国务院专利行政部门受理复审请求后，先后经过形式审查、前置审查和合议审查，在合议审查时，合议组可以采取书面审理、口头审理或者书面审理与口头审理相结合的方式进行审查。

经审查后，做出复审请求审查决定，复审决定分为下列三种类型。

（1）复审请求不成立，维持驳回决定。
（2）复审请求成立，撤销驳回决定。
（3）专利申请文件经复审请求人修改，克服了驳回决定所指出的缺陷，在修改文本的基础上撤销驳回决定。

209. 专利登记簿包括哪些事项

国务院专利行政部门设置专利登记簿，登记下列与专利申请和专利权有关的事项。

（1）专利权的授予。
（2）专利申请权、专利权的转移。
（3）专利权的质押、保全及其解除。
（4）专利实施许可合同的备案。
（5）专利权的无效宣告。
（6）专利权的终止。
（7）专利权的恢复。
（8）专利实施的强制许可。
（9）专利权人的姓名或者名称、国籍和地址的变更。

第三节 专利权终止、无效

210. 专利权保护期限是多久

专利权保护期限依照《专利法》第四十二条规定，发明专利权的期限为二十年，实用新型专利权的期限为十年，外观设计专利权的期限为十五年，均自申请日起计算。该保护期限不得延长。

专利权在保护期间或保护期满后，被国务院专利行政部门宣告无效的，则该专利权视为自始不存在。

211. 专利权终止的情形有哪些

专利权存续期间，依照法律规定，在符合专利实质要求的情况下，仍会因下列原因而使专利权终止。

（1）没有按照规定缴纳年费。
（2）专利权人以书面声明放弃其专利权。

专利权在期限届满前终止的，由国务院专利行政部门登记和公告。

212. 申请宣告专利权无效的主体有哪些

自国务院专利行政部门公告授予专利权之日起，任何单位或者个人认为该专利权的授予不符合《专利法》有关规定的，可以请求国务院专利行政部门宣告该专利权无效。

请求人属于下列情形之一的，其无效宣告请求不予受理。

（1）请求人不具备民事诉讼主体资格的。

（2）以授予专利权的外观设计与他人在申请日以前已经取得的合法权利相冲突为由请求宣告外观设计专利权无效，但请求人不能证明是在先权利人或者利害关系人的。

其中，利害关系人是指有权根据相关法律规定就侵犯在先权利的纠纷向人民法院起诉或者请求相关行政管理部门处理的人。

213. 申请宣告专利权无效的形式要件有哪些

无效宣告请求书及其附件应当一式两份，并符合规定的格式，同时缴纳相应的费用，其具体要求如下。

（1）无效宣告请求书中应当明确无效宣告请求范围。

（2）无效宣告理由仅限于《专利法实施细则》第六十九条规定的法定理由。

（3）在国务院专利行政部门就一项专利权已做出无效宣告请求审查决定后，又以同样的理由和证据提出无效宣告请求的，不予受理。

（4）以授予专利权的外观设计与他人在申请日以前已经取得的合法权利相冲突为由请求宣告外观设计专利权无效，但是未提交证明权利冲突的证据的，不予受理。

（5）请求人未具体说明无效宣告理由的，或者提交了证据但未结合提交的所有证据具体说明无效宣告理由的，或者未指明每项理由所依据的证据的，其无效宣告请求不予受理。

214. 申请宣告专利权无效的理由及救济有哪些

专利授权后，并非永久稳定，事实上有很多专利在授权后被宣告无效。《专利法》第四十五条规定，自国务院专利行政部门公告授予专利权之日起，任何单位或者个人认为该专利权的授予不符合本法有关规定的，可以请求国务院专利行政部门宣告该专利权无效。《专利法实施细则》第六十九条第一款规定，依照专利法第四十五条的规定，请求宣告专利权无效或者部分无效的，应当向国务院专利行政部门提交专利权无效宣告请求书和必要的证据一式两份。无效宣告请求书应当结合提交的所有证据，具体说明无效宣告请求的理由，并指明每项理由所依据的证据。

《专利法实施细则》第六十九条第二款规定，前款所称无效宣告请求的理由，是指被授予专利的发明创造不符合专利法第二条、第十九条第一款、第二十二条、第二十三条、第二十六条第三款与第四款、第二十七条第二款、第三十三条或者本细则第十一条、第三十三条第二款、第四十九条第一款的规定，或者属于专利法第五条、第二十五条规定的情形，或者依照专利法第九条规定不能取得专利权。

专利权无效的理由

专利权无效的理由有以下几种。

（1）不符合《专利法》第二条规定的专利法保护的客体。《专利法》第二条规定，本法所称的发明创造是指发明、实用新型和外观设计。发明，是指对产品、方法或者其改进所提出的新的技术方案。实用新型，是指对产品的整体或者局部的形状、构造或者其结合所做出的适于实用的新的技术方案。外观设计是指对产品的整体或者局部的形状、图案或者其结合以及色彩与形状、图案的结合所做出的富有美感并适于工业应用的新设计。

(2) 不符合《专利法》第五条规定的情形的。《专利法》第五条规定，违反法律、社会公德或者妨害公共利益的发明创造，违反法律、行政法规的规定获取或者利用遗传资源，并依赖该遗传资源完成的发明创造，不授予专利权。

(3) 不符合《专利法》第九条规定的情形的。《专利法》第九条规定，同样的发明创造只能授予一项专利权；但是，同一申请人同日对同样的发明创造既申请实用新型专利又申请发明专利，先获得的实用新型专利权尚未终止，且申请人声明放弃该实用新型专利权的，可以授予发明专利权。两个以上的申请人分别就同样的发明创造申请专利的，专利权授予最先申请的人。

(4) 不符合《专利法》第十九条规定的情形的。《专利法》第十九条规定，任何单位或者个人将在中国完成的发明或者实用新型向外国申请专利的，应当事先报经国务院专利行政部门进行保密审查。

(5) 不符合《专利法》第二十二条规定的情形的。《专利法》第二十二条规定，授予专利权的发明和实用新型，应当具备新颖性、创造性和实用性。

(6) 不符合《专利法》第二十三条规定的情形的。《专利法》第二十三条规定，授予专利权的外观设计，应当不属于现有设计；也没有任何单位或者个人就同样的外观设计在申请日以前向国务院专利行政部门提出过申请，并记载在申请日以后公告的专利文件中。

授予专利权的外观设计与现有设计或者现有设计特征的组合相比，应当具有明显区别。

授予专利权的外观设计不得与他人在申请日以前已经取得的合法权利相冲突。

本法所称现有设计，是指申请日以前在国内外为公众所知的设计。

(7)《专利法》第二十五条规定，对下列各项，不授予专利权。

①科学发现。

②智力活动的规则和方法。

③疾病的诊断和治疗方法。

④动物和植物品种。

⑤原子核变换方法以及用原子核变换方法获得的物质。

⑥对平面印刷品的图案、色彩或者二者的结合做出的主要起标识作用的设计。

对前款第④项所列产品的生产方法，可以依照本法规定授予专利权。

(8) 不符合《专利法》第二十六条第三款规定的情形的。《专利法》第二十六条第三款规定，说明书应当对发明或者实用新型做出清楚、完整的说明，以所属技术领域的技术人员能够实现为准；必要的时候，应当有附图。摘要应当简要说明发明或者实用新型的技术要点。

(9) 不符合《专利法》第二十六条第四款规定的情形的。《专利法》第二十六条第四款规定，权利要求书未以说明书为依据，清楚、简要地限定要求专利保护的范围。

(10) 不符合《专利法》第二十七条第二款规定的情形的。《专利法》第二十七条第二款规定，申请人提交的有关图片或者照片应当清楚地显示要求专利保护的产品的外观设计。

(11) 不符合《专利法》第三十三条规定的情形的。《专利法》第三十三条规定，申请人可以对其专利申请文件进行修改，但是，对发明和实用新型专利申请文件的修改不得超出原说明书和权利要求书记载的范围，对外观设计专利申请文件的修改不得超出原图片或者照片表示的范围。

(12) 不符合《专利法实施细则》第二十三条第二款规定的情形的。《专利法实施细则》第二十三条第二款规定，独立权利要求应当从整体上反映发明或者实用新型的技术方案，记载解决技术问题的必要技术特征。

(13) 不符合《专利法实施细则》第四十九条第一款规定的情形的。《专利法实施细则》第四十九条第一款规定，依照本细则第四十八条规定提出的分案申请，可以保留原申请日，享有优先权的，可以保留优先权日，但是不得超出原申请记载的范围。

上述十三项无效理由，是审查专利是否符合授权要求以及是否具有稳定性的重要条件，只有完全符合上述法律规定的情形，所授权的专利才具有稳定性。

专利权无效的救济

《专利法》第四十六条规定，国务院专利行政部门对宣告专利权无效的请求应当及时审查和做出决定，并通知请求人和专利权人。宣告专利权无效的决定，由国务院专利行政部门登记和公告。请求人或者专利权人对国务院专利行政部门宣告专利权无效或者维持专利权的决定不服的，可以自收到通知之日起三个月内向人民法院起诉。人民法院应当通知无效宣告请求程序的对方当事人作为第三人参加诉讼。宣告无效的专利权视为自始即不存在。

专利权无效的溯及力

《专利法》第四十七条第二款规定，宣告专利权无效的决定，对在宣告专利权无效前人民法院做出并已执行的专利侵权的判决、调解书，已经履行或者强制执行的专利侵权纠纷处理决定，以及已经履行的专利实施许可合同和专利权转让合同，不具有追溯力；但是因专利权人的恶意给他人造成的损失，应当给予赔偿。需要特别注意的是，不返还专利侵权赔偿金、专利使用费、专利权转让费，明显违反公平原则的，应当全部或者部分返还。

215. 请求人是否可以以同样的理由和证据第二次提出专利权无效宣告请求

请求人不能以同样的理由和证据第二次提出专利权无效宣告请求，除非第一次提出的理由或证据因时限等原因未被国务院专利行政部门考虑，《专利法实施细则》第七十条第二款规定，在国务院专利行政部门就无效宣告请求做出决定之后，又以同样的理由和证据请求无效宣告的，国务院专利行政部门不予受理。

确需第二次提出无效宣告请求的，请求人可以将无效宣告请求使用的证据和理由进行适当变化，即可被国务院专利行政部门接受。

216. 什么是同样的理由和证据

同样的理由和证据，是指请求人在提出无效宣告请求时所使用的证据和无效的理由，与自己或别人在先提出无效宣告请求时提出的无效的理由和使用的证据完全相同，包括请求的具体理由和证据的组合使用方式。如首次提出无效宣告请求使用的证据是 a 文件和 b 文件，理由是《专利法》第二十五条的规定。第二次则不可以同样的方式提出，但是可以使用 a 文件、b 文件和公知常识的结合作为证据，理由是《专利法》第二十五条的规定，提出无效请求，第二次提出的无效申请证据中多了一个公知常识，但是显然不属于同样的理由和证据。

对于使用同样的理由和证据的无效宣告请求案件，由于国务院专利行政部门已经对这一请求进行过实质审理，因此不再重复受理。

需要注意的是，在后的无效宣告理由和证据的提出人不一定与第一次无效宣告理由和证据提出人为同一人，只要在先有人以同样的证据和理由提出过无效请求，在后的无效宣告请求就应当不再使用完全相同的证据和理由。

217. 以侵犯在先权利为由申请宣告外观设计专利权无效须具备哪些条件

外观设计专利权被认定与他人在申请日（有优先权的，指优先权日）之前已经取得的合法权利相冲突，且涉及侵犯在先权利的，应当宣告该项外观设计专利权无效。以侵犯在先权利为由申请宣告外观设计专利权无效需要具备以下条件。

一是存在合法权利。合法权利是指依照相关民事法律规定在涉案专利申请日前存在的受法律保护的民事权利，包括商标权、著作权、企业名称权（包括商号权）、肖像权以及知名商品特有包装或者装潢使用权等。

二是在专利申请日前存在。该民事权利在专利申请日以前已经合法存在，且该权利属于法律正在予以保护的权利。

三是外观设计与在先合法权利相冲突。相冲突是指未经在先权利人许可，外观设计专利使用了在先合法权利的法律保护的客体，从而导致专利权的实施将会损害在先权利人相关的合法的民事权利。

在无效宣告程序中请求人应就其主张进行举证，包括证明其是在先权利的权利人或者利害关系人以及在先权利的合法存在。

218. 外观设计专利中含有植物新品种名称可否申请宣告无效

外观设计专利中含有植物新品种名称的专利权无效宣告申请问题要分两种情况来看，如果申请的外观设计专利是植物品种包装袋，则使用该外观设计的包装袋必然与植物品种名称构成冲突，在此情况下，极易导致二者的混淆误认，因此属于对在先权利的损害，可以申请宣告无效。

反之亦然，植物新品种的名称，与外观设计专利的客体存在较大差异，两者不属于相同的类型，植物新品种的名称无法完全公开外观设计专利的内容，因此外观设计专利中含有请求人的植物新品种名称不是宣告外观设计专利权无效的理由，即使申请宣告外观设计专利权无效，恐怕也很难予以无效。

219. 外观设计专利中含有域名是否能申请宣告无效

外观设计专利中含有域名一般情况下无法申请宣告无效，但是，并非所有的外观设计中含有域名都是合法的。对于一些外观设计中含有知名的域名，且在实际使用中可能会损害域名持有人合法权益的，则可以申请宣告无效。

反之，其他的域名以外观设计专利中含有请求人的域名为由申请宣告无效，则很难得到支持。

220. 无效宣告请求案件审查程序中，专利权人是否可以修改专利文件

针对发明专利和实用新型专利，专利权人可以修改专利文件，但是存在如下限制。

（1）修改时间的限制。在国务院专利行政部门做出审查决定之前，专利权人可以删除权利要求或者权利要求中包括的技术方案。

（2）修改范围的限制。发明或者实用新型专利文件的修改仅限于权利要求书，且须遵循以下原则：①不得改变原权利要求的主题名称；②与授权的权利要求相比，不得扩大原专利的保护范围；③不得超出原说明书和权利要求书记载的范围；④一般不得增加未包含在授权的权利要求书中的技术特征。

（3）修改方式的限制。在遵循上述修改原则的前提下，修改权利要求书的具体方式一般限于权利要求的删除、合并和技术方案的删除。仅在下列三种情形的答复期限内，专利权人可以以合并的方式修改权利要求书。

①针对无效宣告请求书、针对请求人增加的无效宣告理由或者补充的证据。

②针对国务院专利行政部门引入的请求人未提及的无效宣告理由或者证据。

③外观设计专利的专利权人不得修改其专利文件。

221. 国务院专利行政部门审理专利权无效案件的程序是什么

无效宣告请求案件受理后，国务院专利行政部门审理专利权无效案件须经过形式审查和合议审查两个阶段。

形式审查着重审查以下内容：无效宣告请求客体是否准确，无效宣告请求人是否具备资格，无效宣告请求范围、理由和证据，文件形式是否适当，费用是否已缴纳，委托手续是否齐全。

在无效宣告程序中，国务院专利行政部门组成合议组，可以采用书面审查、口头审查或二者相结合的方式，针对不同的情形，采用不同方式进行审查。审查结束后，及时做出无效宣告请求审查决定。

222. 专利权被宣告无效的后果是什么

专利权被宣告无效后，未向人民法院起诉或者经过人民法院的诉讼程序维持无效审查决定的，产生以下后果。

(1) 被宣告无效的专利权视为自始不存在。

(2) 宣告专利权无效的决定，对在宣告专利权无效前人民法院做出并已执行的专利侵权的判决、调解书，已经履行或者强制执行的专利侵权纠纷处理决定，以及已经履行的专利实施许可合同和专利权转让合同，不具有追溯力；但是因专利权人的恶意给他人造成的损失，应当给予赔偿。

(3) 在不返还专利侵权赔偿金、专利使用费、专利权转让费，明显违反公平原则的情况下，应当全部或者部分返还。

是否明显违反公平原则，要由人民法院确定。

223. 对国务院专利行政部门做出的无效决定不服的救济途径有哪些

对国务院专利行政部门宣告专利权无效或者维持专利权的决定不服的，可以自收到通知之日起三个月内向人民法院起诉。人民法院应当通知无效宣告请求程序的对方当事人作为第三人参加诉讼。

人民法院依法审理后，认为形成程序适当，没有违反法律规定的，予以维持决定，认为程序不当或有其他违反法律规定的情形的，可以决定撤销无效审查决定，责令国务院专利行政部门重新做出无效宣告审查决定。

第四节 专利权保护

224. 专利权的保护范围是什么

专利申请授权后,除专利法另有规定的以外,任何单位或者个人未经专利权人许可,都不得实施其专利,专利权人取得专利权后享有垄断的使用权利,非经许可,任何人的商业性使用均构成对专利权人权利的侵犯。

《专利法》第十一条第一款规定,发明和实用新型专利权被授予后,除本法另有规定的以外,任何单位或者个人未经专利权人许可,都不得实施其专利,即不得为生产经营目的制造、使用、许诺销售、销售、进口其专利产品,或者使用其专利方法以及使用、许诺销售、销售、进口依照该专利方法直接获得的产品。

基于上述规定,对于发明和实用新型专利,任何单位或者个人未经专利权人许可都不得为经营目的有下列行为。

(1)制造其专利产品的行为。
(2)使用其专利产品的行为。
(3)许诺销售其专利产品的行为。
(4)销售其专利产品的行为。
(5)进口其专利产品的行为。
(6)使用其专利方法的行为。
(7)使用、许诺销售、销售、进口依照该专利方法直接获得的产品的行为。

《专利法》第十一条第二款规定，外观设计专利权被授予后，任何单位或者个人未经专利权人许可，都不得实施其专利，即不得为生产经营目的制造、许诺销售、销售、进口其外观设计专利产品。

具体而言，对于外观设计专利权，任何单位或个人未经专利权人许可都不得为生产经营目的有下列行为。

（1）制造其外观设计专利产品。
（2）许诺销售其外观设计专利产品。
（3）销售其外观设计专利产品。
（4）进口其外观设计专利产品。

需要注意的是，根据《最高人民法院关于审理专利纠纷案件适用法律问题的若干规定》第二十四条的规定，所称的许诺销售，是指以做广告、在商店橱窗中陈列或者在展销会上展出等方式做出销售商品的意思表示。

225. 专利纠纷案件如何分类及管辖

专利纠纷案件包括专利维权案件及其他专利纠纷案件。《最高人民法院关于审理专利纠纷案件适用法律问题的若干规定》对人民法院受理的专利纠纷案件予以列明指出，基本上包括了所有涉及专利纠纷的案件。

专利纠纷案件的分类

人民法院受理的专利纠纷案件包括专利申请权纠纷案件，专利权权属纠纷案件，专利权、专利申请权转让合同纠纷案件，侵犯专利权纠纷案件，假冒他人专利纠纷案件，发明专利申请公布后、专利权授予前使用费纠纷案件，职务发明创造发明人、设计人奖励、报酬纠纷案件，诉前申请停止侵权、财产保全案件，发明人、设计人资格纠纷案件，不服国务院专利行政部门维持驳回申请复审决定案件，不服国务院专利行政部门专利权无效宣告请求决定案件，不服国务院专利行政部门实施强制许可决定案件，不服国务院专利行政部门实施强制许可使用费裁决案件，不服国务院专利行政部门行政复议决定案件，不服管理专利工作的部门行政决定案件，其他专利纠纷案件。

管辖法院

专利维权案件属于因侵权行为提起的诉讼案件，《中华人民共和国民事诉讼法》（以下简称《民事诉讼法》）第二十九条规定，因侵权行为提起的诉讼，由侵权行为地或者被告住所地人民法院管辖。《最高人民法院关于适用〈中华人民共和国民事诉讼法〉的解释》第二条规定，专利纠纷案件由知识产权法院、最高人民法院确定的中级人民法院和基层人民法院管辖。该解释第二十四条规定，民事诉讼法第二十九条规定的侵权行为地，包括侵权行为实施地、侵权结果发生地。该解释第二十五条规定，信息网络侵权行为实施地包括实施被诉侵权行为的计算机等信息设备所在地，侵权结果发生地包括被侵权人住所地。

此外，《最高人民法院关于审理专利纠纷案件适用法律问题的若干规定》第五条规定，因侵犯专利权行为提起的诉讼，由侵权行为地或者被告住所地人民法院管辖。侵权行为地包括：被诉侵犯发明、实用新型专利权的产品的制造、使用、许诺销售、销售、进口等行为的实施地；专利方法使用行为的实施地，依照该专利方法直接获得的产品的使用、许诺销售、销售、进口等行为的实施地；外观设计专利产品的制造、许诺销售、销售、进口等行为的实施地；假冒他人专利的行为实施地。上述侵权行为的侵权结果发生地。该规定第六条第一款规定，原告仅对侵权产品制造者提起诉讼，未起诉销售者，侵权产品制造地与销售地不一致的，制造地人民法院有管辖权；以制造者与销售者为共同被告起诉的，销售地人民法院有管辖权。

该规定第六条第二款规定，销售者是制造者分支机构，原告在销售地起诉侵权产品制造者制造、销售行为的，销售地人民法院有管辖权。

226. 专利侵权涉及新产品制造方法发明专利的举证责任如何分配

《专利法》第六十六条规定，专利侵权纠纷涉及新产品制造方法的发明专利的，制造同样产品的单位或者个人应当提供其产品制造方法不同于专利方法的证明。

2010年1月1日起施行的《最高人民法院关于审理侵犯专利权纠纷案件应用法律若干问题的解释》第十七条规定，产品或者制造产品的技术方案在专利申请日以前为国内外公众所知的，人民法院应当认定该产品不属于专利法规定的新产品。

依据上述规定，对于产品制造方法的举证由被控方进行，也就是由制造同样产品的单位或者个人负责举证，证明其产品制造方法不同于专利方法，而非由专利权人进行举证。被诉侵权人需要举证证明自己的生产方法是如何不同于专利权人的方法，或者自己使用的方法为现有技术，否则即认为被诉侵权人侵权成立。同时，被控方也可举证证明其产品不属于新产品。

227. 假冒他人专利的行为有哪些

依据我国专利法有关规定，假冒他人专利的行为主要有以下几种。

（1）未经许可，在其制造或者销售的产品、产品的包装上标注他人的专利号。

（2）未经许可，在广告或者其他宣传材料中使用他人的专利号，使人将所涉及的技术误认为是他人的专利技术。

（3）未经许可，在合同中使用他人的专利号，使人将合同涉及的技术误认为是他人的专利技术。

（4）伪造或者变造他人的专利证书、专利文件或者专利申请文件。

228. 假冒专利的行为有哪些

在 2008 年以前，专利法中存在假冒他人专利和冒充专利的区别，新的专利法将二者进行必要的修改后统一起来，规定有下列行为之一的即构成假冒专利。

（1）在未被授予专利权的产品或者其包装上标注专利标识，专利权被宣告无效后或者终止后继续在产品或者其包装上标注专利标识，或者未经许可在产品或者产品包装上标注他人的专利号。

（2）销售第（1）项所述产品。

（3）在产品说明书等材料中将未被授予专利权的技术或者设计称为专利技术或专利设计，将专利申请称为专利，或者未经许可使用他人的专利号，使公众将所涉及的技术或者设计误认为是专利技术或者专利设计。

（4）伪造或者变造专利证书、专利文件或者专利申请文件。

（5）其他使公众混淆，将未被授予专利权的技术或者设计误认为是专利技术或者专利设计的行为。

对于假冒专利的，除承担停止侵权、赔偿损失等民事责任外，还需要根据情节予以行政处罚，情节严重的，追究刑事责任。

229. 专利权的保护期限是多久

《专利法》规定，发明专利权的保护期限为 20 年，实用新型专利权的保护期限为 10 年，外观设计专利权的保护期限为 15 年，均自申请日起计算。发明专利保护期长，主要是因为授权时间长；而实用新型和外观设计从申请到授权时间不超过 1 年，因此专利保护期限相对较短。

230. 对专利权实施保全的注意事项有哪些

专利权作为一项财产权利，人民法院可以根据需要对专利权实施财产保全，人民法院在做出专利权保全的裁定后，将进行财产保全的民事裁定书及协助执行通知书送达专利局指定的接收部门，在裁定书上应载明要求专利局协助执行的专利申请号（或专利号）、发明创造名称、申请人（或专利权人）的姓名或者名称、财产保全期限等内容，并提供人民法院的通信地址、邮政编码和收件人姓名。

要求协助执行财产保全的专利申请（或专利）处于有效期内。

专利局有关部门应当协助执行，对有关专利权进行财产保全。

《最高人民法院关于审理专利纠纷案件适用法律问题的若干规定》第十三条第一款规定，人民法院对专利权进行财产保全，应当向国务院专利行政部门发出协助执行通知书，载明要求协助执行的事项，以及对专利权保全的期限，并附人民法院做出的裁定书。

该条第二款规定，对专利权保全的期限一次不得超过六个月，自国务院专利行政部门收到协助执行通知书之日起计算。如果仍然需要对该专利权继续采取保全措施的，人民法院应当在保全期限届满前向国务院专利行政部门另行送达继续保全的协助执行通知书。保全期限届满前未送达的，视为自动解除对该专利权的财产保全。

该条第三款规定，人民法院对出质的专利权可以采取财产保全措施，质权人的优先受偿权不受保全措施的影响；专利权人与被许可人已经签订的独占实施许可合同，不影响人民法院对该专利权进行财产保全。

该条第四款规定，人民法院对已经进行保全的专利权，不得重复进行保全。

231. 专利维权的权利主体有哪些

专利维权一般发生在自己的合法权益受到侵害时，也即与本案具有利害关系，与专利权有利害关系的人或单位，一般包括专利权人本人和专利实施被许可人，司法实践中，涉及的维权权利主体有以下几种。

一是专利权人。专利权人是原始权利人，自然有权就专利权侵权行为提出维权指控。

二是专利权独占实施的被许可人。获得独占专利实施权的被许可人有权以自己的名义提起专利侵权诉讼。

三是专利权排他实施的被许可人。专利权排他实施的被许可人可以和专利权人共同提起诉讼；在专利权人不起诉的情况下，专利权排他实施的被许可人也可以单独提起诉讼。

四是专利权普通实施许可的被许可人。在专利权人明确授权的情况下，专利权普通实施许可的被许可人可以提起维权诉讼。

五是专利权的合法继承人。专利权的合法继承人可以以自己的名义提起维权诉讼。

232. 专利侵权如何认定

专利侵权认定是专利侵权案件中需要解决的首要问题。首先确定专利是否侵权，之后确定侵权方应承担的法律责任，如是否停止侵权，赔偿数额的问题，是否销毁侵权工具，等等。

发明和实用新型专利的侵权认定

《专利法》第六十四条第一款规定，发明或者实用新型专利权的保护范围以其权利要求的内容为准，说明书及附图可以用于解释权利要求的内容。

《最高人民法院关于审理侵犯专利权纠纷案件应用法律若干问题的解释》第七条第一款规定，人民法院判定被诉侵权技术方案是否落入专利权的保护范围，应当审查权利人主张的权利要求所记载的全部技术特征。

该条第二款规定，被诉侵权技术方案包含与权利要求记载的全部技术特征相同或者等同的技术特征的，人民法院应当认定其落入专利权的保护范围；被诉侵权技术方案的技术特征与权利要求记载的全部技术特征相比，缺少权利要求记载的一个以上的技术特征，或者有一个以上技术特征不相同也不等同的，人民法院应当认定其没有落入专利权的保护范围。

该解释第十二条第一款规定，将侵犯发明或者实用新型专利权的产品作为零部件，制造另一产品的，人民法院应当认定属于专利法第十一条规定的使用行为；销售该另一产品的，人民法院应当认定属于专利法第十一条规定的销售行为。

对于前两款规定的情形，被诉侵权人之间存在分工合作的，人民法院应当认定为共同侵权。

该解释第十三条规定，对于使用专利方法获得的原始产品，人民法院应当认定为专利法第十一条规定的依照专利方法直接获得的产品。

对于将上述原始产品进一步加工、处理而获得后续产品的行为，人民法院应当认定属于专利法第十一条规定的使用依照该专利方法直接获得的产品。

此外，《最高人民法院关于审理侵犯专利权纠纷案件应用法律若干问题的解释（二）》第四条规定，权利要求书、说明书及附图中的语法、文字、标点、图形、符号等存有歧义，但本领域普通技术人员通过阅读权利要求书、说明书及附图可以得出唯一理解的，人民法院应当根据该唯一理解予以认定。

该解释第五条规定，在人民法院确定专利权的保护范围时，独立权利要求的前序部分、特征部分以及从属权利要求的引用部分、限定部分记载的技术特征均有限定作用。

该解释第六条第一款规定，人民法院可以运用与涉案专利存在分案申请关系的其他专利及其专利审查档案、生效的专利授权确权裁判文书解释涉案专利的权利要求。

该条第二款规定，专利审查档案，包括专利审查、复审、无效程序中专利申请人或者专利权人提交的书面材料，国务院专利行政部门及其专利复审委员会（今更名为"国家知识产权局专利局复审和无效审理部"）制作的审查意见通知书、会晤记录、口头审理记录、生效的专利复审请求审查决定书和专利权无效宣告请求审查决定书等。

该解释第七条第一款规定，被诉侵权技术方案在包含封闭式组合物权利要求全部技术特征的基础上增加其他技术特征的，人民法院应当认定被诉侵权技术方案未落入专利权的保护范围，但该增加的技术特征属于不可避免的常规数量杂质的除外。

该条第二款规定，前款所称封闭式组合物权利要求，一般不包括中药组合物权利要求。

该解释第八条第一款规定，功能性特征，是指对于结构、组分、步骤、条件或其之间的关系等，通过其在发明创造中所起的功能或者效果进行限定的技术特征，但本领域普通技术人员仅通过阅读权利要求即可直接、明确地确定实现上述功能或者效果的具体实施方式的除外。

该条第二款规定，与说明书及附图记载的实现前款所称功能或者效果不可缺少的技术特征相比，被诉侵权技术方案的相应技术特征是以基本相同的手段，实现相同的功能，达到相同的效果，且本领域普通技术人员在被诉侵权行为发生时无须经过创造性劳动就能够联想到的，人民法院应当认定该相应技术特征与功能性特征相同或者等同。

该解释第九条规定，被诉侵权技术方案不能适用于权利要求中使用环境特征所限定的使用环境的，人民法院应当认定被诉侵权技术方案未落入专利权的保护范围。

该解释第十条规定，对于权利要求中以制备方法界定产品的技术特征，被诉侵权产品的制备方法与其不相同也不等同的，人民法院应当认定被诉侵权技术方案未落入专利权的保护范围。

该解释第十一条规定，方法权利要求未明确记载技术步骤的先后顺序，但本领域普通技术人员阅读权利要求书、说明书及附图后直接、明确地认为该技术步骤应当按照特定顺序实施的，人民法院应当认定该步骤顺序对于专利权的保护范围具有限定作用。

该解释第十二条规定，权利要求采用"至少""不超过"等用语对数值特征进行界定，且本领域普通技术人员阅读权利要求书、说明书及附图后认为专利技术方案特别强调该用语对技术特征的限定作用，权利人主张与其不相同的数值特征属于等同特征的,人民法院不予支持。

该解释第十三条规定,权利人证明专利申请人、专利权人在专利授权确权程序中对权利要求书、说明书及附图的限缩性修改或者陈述被明确否定的,人民法院应当认定该修改或者陈述未导致技术方案的放弃。

涉及外观设计专利的侵权认定

《专利法》第六十四条第二款规定,外观设计专利权的保护范围以表示在图片或者照片中的该产品的外观设计为准,简要说明可以用于解释图片或者照片所表示的该产品的外观设计。

《最高人民法院关于审理侵犯专利权纠纷案件应用法律若干问题的解释》第八条规定,在与外观设计专利产品相同或者相近种类产品上,采用与授权外观设计相同或者近似的外观设计的,人民法院应当认定被诉侵权设计落入专利法第六十四条第二款规定的外观设计专利权的保护范围。

该解释第九条规定,人民法院应当根据外观设计产品的用途,认定产品种类是否相同或者相近。确定产品的用途,可以参考外观设计的简要说明、国际外观设计分类表、产品的功能以及产品销售、实际使用的情况等因素。

该解释第十条规定,人民法院应当以外观设计专利产品的一般消费者的知识水平和认知能力,判断外观设计是否相同或者近似。

该解释第十一条规定,人民法院认定外观设计是否相同或者近似时,应当根据授权外观设计、被诉侵权设计的设计特征,以外观设计的整体视觉效果进行综合判断;对于主要由技术功能决定的设计特征以及对整体视觉效果不产生影响的产品的材料、内部结构等特征,应当不予考虑。

下列情形,通常对外观设计的整体视觉效果更具有影响。

(1)产品正常使用时容易被直接观察到的部位相对于其他部位。

(2)授权外观设计区别于现有设计的设计特征相对于授权外观设计的其他设计特征。

被诉侵权设计与授权外观设计在整体视觉效果上无差异的,人民法院应当认定两者相同;在整体视觉效果上无实质性差异的,应当认定两者近似。

该解释第十二条第二款规定，将侵犯外观设计专利权的产品作为零部件，制造另一产品并销售的，人民法院应当认定属于专利法第十一条规定的销售行为，但侵犯外观设计专利权的产品在该另一产品中仅具有技术功能的除外。

该条第三款规定，对于前两款规定的情形，被诉侵权人之间存在分工合作的，人民法院应当认定为共同侵权。

《最高人民法院关于审理侵犯专利权纠纷案件应用法律若干问题的解释（二）》第十四条规定，人民法院在认定一般消费者对于外观设计所具有的知识水平和认知能力时，一般应当考虑被诉侵权行为发生时授权外观设计所属相同或者相近种类产品的设计空间。设计空间较大的，人民法院可以认定一般消费者通常不容易注意到不同设计之间的较小区别；设计空间较小的，人民法院可以认定一般消费者通常更容易注意到不同设计之间的较小区别。

该解释第十五条规定，对于成套产品的外观设计专利，被诉侵权设计与其一项外观设计相同或者近似的，人民法院应当认定被诉侵权设计落入专利权的保护范围。

该解释第十六条第一款规定，对于组装关系唯一的组件产品的外观设计专利，被诉侵权设计与其组合状态下的外观设计相同或者近似的，人民法院应当认定被诉侵权设计落入专利权的保护范围。

该条第二款规定，对于各构件之间无组装关系或者组装关系不唯一的组件产品的外观设计专利，被诉侵权设计与其全部单个构件的外观设计均相同或者近似的，人民法院应当认定被诉侵权设计落入专利权的保护范围；被诉侵权设计缺少其单个构件的外观设计或者与之不相同也不近似的，人民法院应当认定被诉侵权设计未落入专利权的保护范围。

该解释第十七条规定，对于变化状态产品的外观设计专利，被诉侵权设计与变化状态图所示各种使用状态下的外观设计均相同或者近似的，人民法院应当认定被诉侵权设计落入专利权的保护范围；被诉侵权设计缺少其一种使用状态下的外观设计或者与之不相同也不近似的，人民法院应当认定被诉侵权设计未落入专利权的保护范围。

总体来看，对于专利是否侵权，不同的专利类型在判断方面自然存在一定的差异，但是落入专利权的保护范围是侵权方承担法律责任的前提。需要特别注意的是，对于个别专利的定性，可能需要试验、鉴定等方法予以判定。对于外观设计的认定需要考虑其设计空间等因素综合判断。

233. 提起确认不侵犯专利权诉讼的条件是什么

《最高人民法院关于审理侵犯专利权纠纷案件应用法律若干问题的解释》第十八条规定，权利人向他人发出侵犯专利权的警告，被警告人或者利害关系人经书面催告权利人行使诉权，自权利人收到该书面催告之日起一个月内或者自书面催告发出之日起二个月内，权利人不撤回警告也不提起诉讼，被警告人或者利害关系人向人民法院提起请求确认其行为不侵犯专利权的诉讼的，人民法院应当受理。

基于上述规定来看，提起确认不侵犯专利权诉讼需要具备以下几个条件。

一是权利人向他人发出了侵权警告。需要注意的是，权利人包括专利权人，也包括专利实施的被许可人等权利人。他人包括但不限于涉及侵权的生产方、销售方、使用或可能使用专利产品的使用人等主体。

二是被警告人或者利害关系人通过书面方式催告权利人行使诉权。

三是权利人收到该书面催告之日起一个月内或者自书面催告发出之日起二个月内，权利人不撤回警告也不提起诉讼。

234. 专利维权案件中是否必须提供专利权评价报告

《专利法》第六十六条第二款规定，专利侵权纠纷涉及实用新型专利或者外观设计专利的，人民法院或者管理专利工作的部门可以要求专利权人或者利害关系人出具由国务院专利行政部门对相关实用新型或者外观设计进行检索、分析和评价后做出的专利权评价报告，作为审理、处理专利侵权纠纷的证据；专利权人、利害关系人或者被控侵权人也可以主动出具专利权评价报告。

《最高人民法院关于审理专利纠纷案件适用法律问题的若干规定》第八条第一款规定，对申请日在 2009 年 10 月 1 日前（不含该日）的实用新型专利提起侵犯专利权诉讼，原告可以出具由国务院专利行政部门做出的检索报告；对申请日在 2009 年 10 月 1 日以后的实用新型或者外观设计专利提起侵犯专利权诉讼，原告可以出具由国务院专利行政部门做出的专利权评价报告。根据案件审理需要，人民法院可以要求原告提交检索报告或者专利权评价报告。原告无正当理由不提交的，人民法院可以裁定中止诉讼或者判令原告承担可能的不利后果。

基于上述规定，出具专利权评价报告并非针对所有的专利维权事宜，发明专利则不需要出具专利权评价报告；但是，实用新型专利和外观设计专利一般需要出具专利权评价报告，主要是因为这两类专利并不进行实质审查，专利的稳定性较弱，出具专利权评价报告的主要目的在于判断专利是否符合专利法规定的授权条件。

235. 获得专利许可授权后，被许可人是否可以授权他人实施

专利许可合同分为三种：一是独占实施许可合同，二是排他实施许可合同，三是普通实施许可合同。独占实施许可合同的被许可人除不允许其他人实施外，专利权人自己也无权实施；排他实施许可合同的被许可人在一定时期和地域内不得有其他的被许可人实施，但是专利权人自己可以实施；普通实施许可合同的被许可人仅可使用，无权排除他人使用。转授权属于独立的权利，需要取得专利权人的授权才可以行使转授权权利。

236. 诉前申请停止侵犯专利权行为的主体有哪些

《专利法》第七十二条规定，专利权人或者利害关系人有证据证明他人

正在实施或者即将实施侵犯专利权、妨碍其实现权利的行为，如不及时制止将会使其合法权益受到难以弥补的损害的，可以在起诉前依法向人民法院申请采取财产保全、责令做出一定行为或者禁止做出一定行为的措施。

237. 侵犯专利权的诉讼时效如何计算

《专利法》第七十四条第一款规定，侵犯专利权的诉讼时效为三年，自专利权人或者利害关系人知道或者应当知道侵权行为以及侵权人之日起计算。

该条第二款规定，发明专利申请公布后至专利权授予前使用该发明未支付适当使用费的，专利权人要求支付使用费的诉讼时效为三年，自专利权人知道或者应当知道他人使用其发明之日起计算，但是，专利权人于专利权授予之日前即已知道或者应当知道的，自专利权授予之日起计算。

专利侵权作为侵权行为的一种，使用普通的诉讼时效制度，依据《民事诉讼法》的有关规定侵权的诉讼时效为三年，自专利权人或者利害关系人知道或者应当知道侵权行为以及侵权人之日起计算。

238. 在专利侵权案件中，专利权人如何举证

在专利侵权案件中，除了新方法的侵权等特殊情形外，专利权人均负有举证对方侵权的责任。因此，专利权人除了需要向人民法院提供专利权文件以外，还要提供证据证明被告做出了专利侵权行为，即被告以生产经营为目的，制造、使用了专利产品或专利方法，该侵权行为中被告制造、使用产品或方法的技术特征完全落入了专利权的保护范围，这样才可能认定被告侵权。

实践中，专利权人一般采取购买涉嫌侵权产品、公证取证、申请法院取证等多种方式获得被告涉嫌侵权的证据。

239. 在专利侵权案件中，被告如何抗辩

实践中，面对侵权指控时，被告往往采取如下一种或多种抗辩方式：①无效宣告；②现有技术，试图证明自己采用的技术为现有技术；③未落入专利权保护范围。

《专利法》第六十七条规定，在专利侵权纠纷中，被控侵权人有证据证明其实施的技术或者设计属于现有技术或者现有设计的，不构成侵犯专利权。

《最高人民法院关于审理侵犯专利权纠纷案件应用法律若干问题的解释》第十四条规定，被诉落入专利权保护范围的全部技术特征，与一项现有技术方案中的相应技术特征相同或者无实质性差异的，人民法院应当认定被诉侵权人实施的技术属于专利法第六十七条规定的现有技术。

该条第二款规定，被诉侵权设计与一个现有设计相同或者无实质性差异的，人民法院应当认定被诉侵权人实施的设计属于专利法第六十七条规定的现有设计。

该解释第十五条规定，被诉侵权人以非法获得的技术或者设计主张先用权抗辩的，人民法院不予支持。

该条第二款规定，有下列情形之一的，人民法院应当认定属于专利法第七十五条规定的已经做好制造、使用的必要准备。

（1）已经完成实施发明创造所必需的主要技术图纸或者工艺文件。

（2）已经制造或者购买实施发明创造所必需的主要设备或者原材料。

该条第三款规定，专利法第七十五条规定的原有范围，包括专利申请日前已有的生产规模以及利用已有的生产设备或者根据已有的生产准备可以达到的生产规模。

该条第四款规定，先用权人在专利申请日后将其已经实施或做好实施必要准备的技术或设计转让或者许可他人实施，被诉侵权人主张该实施行为属于在原有范围内继续实施的，人民法院不予支持，但该技术或设计与

原有企业一并转让或者承继的除外。

此外,《专利法》第七十五条规定,有下列情形之一的,不视为侵犯专利权。

(1)专利产品或者依照专利方法直接获得的产品,由专利权人或者经其许可的单位、个人售出后,使用、许诺销售、销售、进口该产品的。

(2)在专利申请日前已经制造相同产品、使用相同方法或者已经做好制造、使用的必要准备,并且仅在原有范围内继续制造、使用的。

(3)临时通过中国领陆、领水、领空的外国运输工具,依照其所属国同中国签订的协议或者共同参加的国际条约,或者依照互惠原则,为运输工具自身需要而在其装置和设备中使用有关专利的。

(4)专为科学研究和实验而使用有关专利的。

(5)为提供行政审批所需要的信息,制造、使用、进口专利药品或者专利医疗器械的,以及专门为其制造、进口专利药品或者专利医疗器械的。

《专利法》第七十七条规定,为生产经营目的使用、许诺销售或者销售不知道是未经专利权人许可而制造并售出的专利侵权产品,能证明该产品合法来源的,不承担赔偿责任。

总的来看,在专利侵权案件中,被告的主要抗辩理由有三点,这三点也是最常使用的抗辩理由,无效专利的抗辩,需要由国家知识产权局审查确定。现有技术或设计的抗辩,通常也需要由国家知识产权局审查确定,当然,个别法院也可以审查确定。未落入专利权保护范围抗辩,是由人民法院审查确定的。

240. 在专利侵权案件中,被告请求中止诉讼的条件是什么

在专利侵权案件审理过程中,如果专利权人用来指控被告的专利权是实用新型专利或者外观设计专利,被告在答辩期间内请求宣告该项专利权

无效的，人民法院应当中止诉讼。待国务院专利行政部门将该专利权是否应当无效的问题解决后，人民法院再审查是否存在专利侵权。

《最高人民法院关于审理专利纠纷案件适用法律问题的若干规定》第八条第一款规定，对申请日在 2009 年 10 月 1 日前（不含该日）的实用新型专利提起侵犯专利权诉讼，原告可以出具由国务院专利行政部门做出的检索报告；对申请日在 2009 年 10 月 1 日以后的实用新型或者外观设计专利提起侵犯专利权诉讼，原告可以出具由国务院专利行政部门做出的专利权评价报告。根据案件审理需要，人民法院可以要求原告提交检索报告或者专利权评价报告。原告无正当理由不提交的，人民法院可以裁定中止诉讼或者判令原告承担可能的不利后果。

该条第二款规定，侵犯实用新型、外观设计专利权纠纷案件的被告请求中止诉讼的，应当在答辩期内对原告的专利权提出宣告无效的请求。

241. 司法实践中，人民法院不予中止诉讼的情形有哪些

《最高人民法院关于审理专利纠纷案件适用法律问题的若干规定》第九条规定，人民法院受理的侵犯实用新型、外观设计专利权纠纷案件，被告在答辩期间内请求宣告该项专利权无效的，人民法院应当中止诉讼，但具备下列情形之一的，可以不中止诉讼。

（1）原告出具的检索报告或者专利权评价报告未发现导致实用新型或者外观设计专利权无效的事由的。

（2）被告提供的证据足以证明其使用的技术已经公知的。

（3）被告请求宣告该项专利权无效所提供的证据或者依据的理由明显不充分的。

（4）人民法院认为不应当中止诉讼的其他情形。

该规定第十条规定，人民法院受理的侵犯实用新型、外观设计专利权

纠纷案件，被告在答辩期间届满后请求宣告该项专利权无效的，人民法院不应当中止诉讼，但经审查认为有必要中止诉讼的除外。

该规定第十一条规定，人民法院受理的侵犯发明专利权纠纷案件或者经专利复审委员会（今更名为"国家知识产权局专利局复审和无效审理部"）审查维持专利权的侵犯实用新型、外观设计专利权纠纷案件，被告在答辩期间内请求宣告该项专利权无效的，人民法院可以不中止诉讼。

该规定第十二条规定，人民法院决定中止诉讼，专利权人或者利害关系人请求责令被告停止有关行为或者采取其他制止侵权损害继续扩大的措施，并提供了担保，人民法院经审查符合有关法律规定的，可以在裁定中止诉讼的同时一并做出有关裁定。

实践中，虽然被告提出了无效宣告请求，但是不具备中止情形的，人民法院应当继续审理，以判别是否存在专利侵权。

242. 在专利侵权案件中对专利侵权行政决定如何处理

《最高人民法院关于审理专利纠纷案件适用法律问题的若干规定》第二十五条规定，人民法院受理的侵犯专利权纠纷案件，已经过管理专利工作的部门做出侵权或者不侵权认定的，人民法院仍应当就当事人的诉讼请求进行全面审查。

243. 在专利侵权案件中涉及权利冲突如何保护

人民法院受理的侵犯专利权纠纷案件，涉及权利冲突的，应当保护在先依法享有权利的当事人的合法权益。

专利法所称的在先取得的合法权利包括商标权、著作权、企业名称权、肖像权、知名商品特有包装或者装潢使用权等。

244. 在专利侵权案件中如何确定赔偿

《专利法》第七十一条第一款规定，侵犯专利权的赔偿数额按照权利人因被侵权所受到的实际损失或者侵权人因侵权所获得的利益确定；权利人的损失或者侵权人获得的利益难以确定的，参照该专利许可使用费的倍数合理确定。对故意侵犯专利权，情节严重的，可以在按照上述方法确定数额的一倍以上五倍以下确定赔偿数额。

该条第二款规定，权利人的损失、侵权人获得的利益和专利许可使用费均难以确定的，人民法院可以根据专利权的类型、侵权行为的性质和情节等因素，确定给予三万元以上五百万元以下的赔偿。

该条第三款规定，赔偿数额还应当包括权利人为制止侵权行为所支付的合理开支。

《最高人民法院关于审理侵犯专利权纠纷案件应用法律若干问题的解释》第十六条第一款规定，人民法院依据专利法第七十一条的规定确定侵权人因侵权所获得的利益，应当限于侵权人因侵犯专利权行为所获得的利益；因其他权利所产生的利益，应当合理扣除。

该条第二款规定，侵犯发明、实用新型专利权的产品系另一产品的零部件的，人民法院应当根据该零部件本身的价值及其在实现成品利润中的作用等因素合理确定赔偿数额。

该条第三款规定，侵犯外观设计专利权的产品为包装物的，人民法院应当按照包装物本身的价值及其在实现被包装产品利润中的作用等因素合理确定赔偿数额。

《最高人民法院关于审理侵犯专利权纠纷案件应用法律若干问题的解释（二）》第二十七条规定，权利人因被侵权所受到的实际损失难以确定的，人民法院应当依照专利法第七十一条的规定，要求权利人对侵权人因侵权所获得的利益进行举证；在权利人已经提供侵权人所获利益的初步证据，而与专利侵权行为相关的账簿、资料主要由侵权人掌握的情况下，人民法院可以责令侵权人提供该账簿、资料；侵权人无正当理由拒不提供或者提供虚假的账簿、资料的，人民法院可以根据权利人的主张和提供的证据认定侵权人因侵权所获得的利益。

该解释第二十八条规定，权利人、侵权人依法约定专利侵权的赔偿数额或者赔偿计算方法，并在专利侵权诉讼中主张依据该约定确定赔偿数额的，人民法院应予支持。

基于上述规定，涉及专利侵权赔偿主要有四种方式：一是按照权利人受到的实际损失赔偿，二是按照侵权方的获利予以赔偿，三是按照合理的专利许可费用倍数赔偿，四是按照三万元以上五百万元以下予以赔偿。权利人维权的合理费用也应当予以赔偿。上述四种赔偿方式，可以由权利人选择确定。对于权利人来讲，尽可能提供更多的赔偿方面的证据，有利于获得较高赔偿。

第四章

不正当竞争

第一节　基本知识

245. 什么是不正当竞争

不正当竞争是指经营者以及其他市场主体在生产经营活动中,采取违反公平、诚信等公认的商业道德的手段取得交易机会,并破坏他人竞争优势,损害其他经营者或者消费者的合法权益,扰乱社会经济秩序的竞争行为。

《保护工业产权巴黎公约》第十条规定,凡在工商业事务中违反诚实的习惯做法的竞争行为构成不正当竞争的行为。

《中华人民共和国反不正当竞争法》(以下简称《反不正当竞争法》)第二条第二款规定,本法所称的不正当竞争行为,是指经营者在生产经营活动中,违反本法规定,扰乱市场竞争秩序,损害其他经营者或者消费者的合法权益的行为。

246. 反不正当竞争法所称的经营者指哪些

《反不正当竞争法》第二条第三款规定,本法所称的经营者,是指从事商品生产、经营或者提供服务(以下所称商品包括服务)的自然人、法人和非法人组织。

247. 经营者在市场交易中应遵循的原则是什么

《反不正当竞争法》第二条第一款规定,经营者在生产经营活动中,应当遵循自愿、平等、公平、诚信的原则，遵守法律和商业道德。

自愿原则，是指经营者自主决定市场交易活动，有权自主决定交易的对象、交易的内容和交易的方式，经营者之间的交易关系的确定是以双方真实意思一致为基础，不被他人非法干预。

平等原则，是指经营者之间的法律地位是平等的，市场开发也是平等的，依照法律享有平等的民事权利，并承担平等的法律义务。

公平原则，是经营者在市场交易活动中，依照同一规则开展经营活动，在市场交易关系中，民事主体在享有权利和承担义务上也是公平的，不能一方只享受权利，另一方只承担义务。

诚信原则，是指经营者在市场交易活动中应善意、诚实、恪守信用开展经营活动，不得有任何商业欺诈性的交易行为。

商业道德，是指在市场经营活动中，为相关经营者所普遍承认和遵循的经营准则，也就是经营者所遵循的商业惯例。

248. 什么是商业秘密

《反不正当竞争法》第十条第四款规定，本法所称的商业秘密，是指不为公众所知悉、具有商业价值并经权利人采取相应保密措施的技术信息、经营信息等商业信息。

第二节　不正当竞争行为

249. 在相关商品上使用他人姓名是否构成不正当竞争

根据《反不正当竞争法》第七条第一款规定，经营者不得实施下列混淆行为，引人误认为是他人商品或者与他人存在特定联系：①擅自使用与他人有一定影响的商品名称、包装、装潢等相同或者近似的标识；②擅自使用他人有一定影响的名称（包括简称、字号等）、姓名（包括笔名、艺名、网名、译名等）；③擅自使用他人有一定影响的域名主体部分、网站名称、网页、新媒体账号名称、应用程序名称或者图标等；④其他足以引人误认为是他人商品或者与他人存在特定联系的混淆行为。

构成使用他人姓名的不正当竞争，需要满足下列条件。

一是该姓名、笔名或艺名具有一定的影响力。毫无知名度的姓名、笔名、艺名显然无法获得反不正当竞争法的保护，获得保护的前提一定是该姓名、笔名或艺名在相关市场中具有一定的知名度，为相关公众所知悉，但是多高的知名度、知悉到何种程度可获得保护，要根据案件的情况综合判断。

二是有擅自商业使用的事实存在。使用一定是存在商业行为，这种商业行为可能会给使用人带来一定利益。

三是引人误认为是他人商品或与他人存在特定联系。

具备上述条件是构成使用他人姓名的不正当竞争行为的基础，这种不正当竞争行为往往是针对名人展开的。

250. 在相关商品上使用他人企业名称是否构成不正当竞争

根据《反不正当竞争法》第七条第一款的规定，擅自使用他人有一定影响的名称（包括简称、字号等），引人误认为是他人商品或者与他人存在特定联系，属于不正当竞争行为。

构成使用企业名称（包括简称、字号等）的不正当竞争行为，需要具备下列条件。

一是有一定影响的企业名称（包括简称、字号等）。所谓有一定影响，并不是人所共知，仅需在相关的群体中知悉即可，也就是在相关市场中具有一定的知名度，为相关公众所知悉。

二是擅自商业使用了企业名称（包括简称、字号等）。所谓擅自使用，是指没有经过他人同意的商业使用，并有可能获得相关利益。

三是引人误认为是他人商品或者与他人存在特定联系。这种联系包括合作联系、代理联系、商品的联系等。

251. 使用他人商品名称、包装、装潢是否构成不正当竞争

《反不正当竞争法》第七条第一款规定，擅自使用与他人有一定影响的商品名称、包装、装潢等相同或者近似的标识，引人误认为是他人商品或者与他人存在特定联系的，属于不正当竞争行为。

252. 使用他人域名主体部分、网站名称、网页是否构成不正当竞争

《反不正当竞争法》第七条第一款规定，擅自使用他人有一定影响的域

名主体部分、网站名称、网页等，引人误认为是他人商品或者与他人存在特定联系的混淆行为，属于不正当竞争行为。

基于上述规定，构成不正当竞争应当满足下列条件。

一是域名主体部分、网站名称、网页等具有一定影响。域名主体部分、网站名称、网页等具有一定知名度，为相关公众所知悉，而非缺乏知名度、没有影响力的域名、网站名称和网页。

二是存在擅自使用的行为。擅自使用是指在中国境内进行商业使用，包括将域名主体部分、网站名称、网页用于网站、商品、商品包装及商品交易文书上，或者用于广告宣传、展览以及其他商业活动中的"使用"，该使用没有经过他人同意。

三是引人误认为是他人商品或者与他人存在特定联系。引人误认为是他人网站，或与他人存在合作、代理等商业关系。

253. 以贿赂或回扣等方式购买或销售商品是否构成不正当竞争

经营者采用贿赂或回扣等方式购买或销售商品构成不正当竞争，这种行为在商业交易中并不少见，相关法律对此进行了规制。依据《反不正当竞争法》第八条第一款规定，经营者不得采用给予财物或者其他手段贿赂下列单位或者个人，以谋取交易机会或者竞争优势。

（1）交易相对方的工作人员。
（2）受交易相对方委托办理相关事务的单位或者个人。
（3）利用职权或者影响力影响交易的单位或者个人。

该条第三款规定，经营者在交易活动中，可以以明示方式向交易相对方支付折扣，或者向中间人支付佣金。经营者向交易相对方支付折扣、向中间人支付佣金的，应当如实入账。接受折扣、佣金的经营者也应当如实入账。

该条第四款规定，经营者的工作人员进行贿赂的，应当认定为经营者的行为；但是，经营者有证据证明该工作人员的行为与为经营者谋取交易机会或者竞争优势无关的除外。

254. 构成虚假宣传的不正当竞争有哪些情形

经营者利用广告或其他方法对商品进行虚假宣传属于不正当竞争行为，诚实守信经营是市场主体开展经营活动应遵循的基本原则。《反不正当竞争法》第九条第一款规定，经营者不得对其商品的性能、功能、质量、销售状况、用户评价、曾获荣誉等作虚假或者引人误解的商业宣传，欺骗、误导消费者和其他经营者。该条第二款规定，经营者不得通过组织虚假交易、虚假评价等方式，帮助其他经营者进行虚假或者引人误解的商业宣传。

总体来看，构成虚假宣传的不正当竞争主要有两个方面：一是作虚假或者引人误解的商业宣传，包括虚构事实、无中生有、夸大功效等宣传行为；二是欺骗、误导消费者，消费者因此进行消费等商业行为。

对于虚假宣传是否要承担赔偿责任，依据《反不正当竞争法》第二十二条规定的内容来看，获得赔偿的前提是经营者受到损害，反之，即使有虚假宣传的不正当竞争行为，但是未给其他经营者造成损害的，其他经营者也无权主张经济赔偿。《反不正当竞争法》第二十二条第四款规定，针对混淆行为和侵犯商业秘密行为两项不正当竞争行为，可以给予500万元以下的赔偿。

255. 侵犯商业秘密构成不正当竞争如何认定

侵犯商业秘密属于《反不正当竞争法》予以规制的不正当竞争行为，相对于其他不正当竞争行为，并非常态性发生。《反不正当竞争法》第十条第一款规定，经营者不得实施下列侵犯商业秘密的行为。

（1）以盗窃、贿赂、欺诈、胁迫、电子侵入或者其他不正当手段获取权利人的商业秘密。

（2）披露、使用或者允许他人使用以前项手段获取的权利人的商业秘密。

（3）违反保密义务或者违反权利人有关保守商业秘密的要求，披露、使用或者允许他人使用其所掌握的商业秘密。

（4）教唆、引诱、帮助他人违反保密义务或者违反权利人有关保守商业秘密的要求，获取、披露、使用或者允许他人使用权利人的商业秘密。

该条第二款规定，经营者以外的其他自然人、法人和非法人组织实施前款所列违法行为的，视为侵犯商业秘密。

该条第三款规定，第三人明知或者应知商业秘密权利人的员工、前员工或者其他单位、个人实施本条第一款所列违法行为，仍获取、披露、使用或者允许他人使用该商业秘密的，视为侵犯商业秘密。

该条第四款规定，本法所称的商业秘密，是指不为公众所知悉、具有商业价值并经权利人采取相应保密措施的技术信息、经营信息等商业信息。

256. 构成侵犯商业秘密不正当竞争的举证责任是什么

《不正当竞争法》所指的商业秘密，是指不为公众所知悉、具有商业价值并经权利人采取保密措施的技术信息、经营信息等商业信息。不为公众所知悉，是指有关信息不为其所属领域的相关人员普遍知悉和容易获得。具有商业价值，是指有关信息具有现实的或者潜在的商业价值，能为权利人带来竞争优势。保密措施是指权利人为防止信息泄露所采取的与其商业价值等具体情况相适应的合理保护措施。

《反不正当竞争法》第三十九条第一款规定，在侵犯商业秘密的民事审判程序中，商业秘密权利人提供初步证据，证明其已经对所主张的商业秘密采取保密措施，且合理表明商业秘密被侵犯，涉嫌侵权人应当证明权利人所主张的商业秘密不属于本法规定的商业秘密。

《反不正当竞争法》第三十九条第二款规定，商业秘密权利人提供初步证据合理表明商业秘密被侵犯，且提供以下证据之一的，涉嫌侵权人应当证明其不存在侵犯商业秘密的行为。

（1）有证据表明涉嫌侵权人有渠道或者机会获取商业秘密，且其使用的信息与该商业秘密实质上相同。

（2）有证据表明商业秘密已经被涉嫌侵权人披露、使用或者有被披露、使用的风险。

（3）有其他证据表明商业秘密被涉嫌侵权人侵犯。

涉嫌侵权人需要举证证明以下几点：一是所使用的信息不属于商业秘密，二是所指控的信息是合法获得的，三是所使用的信息与商业秘密内容不同。

257. 涉及侵犯商业秘密不正当竞争纠纷案的维权主体有哪些

涉及侵犯商业秘密不正当竞争纠纷案的维权主体主要包括商业秘密权利人、独占使用被许可人、排他使用被许可人、普通使用被许可人，也包括商业秘密的合法继承人。

258. 有奖销售构成不正当竞争的情形有哪些

《不正当竞争法》第十一条规定，经营者进行有奖销售不得存在下列情形：①所设奖的种类、兑奖条件、奖金金额或者奖品等有奖销售信息不明确，影响兑奖；②有奖销售活动开始后，无正当理由变更所设奖的种类、兑换条件、奖金金额或者奖品等有奖销售信息；③采用谎称有奖或者故意让内定人员中奖的欺骗方式进行有奖销售；④抽奖式的有奖销售，最高奖的金额超过五万元。

基于上述法律规定，对于有奖销售，并非完全予以禁止，小额的有奖销售、诚实守信的有奖销售均是法律予以鼓励的。

259. 损害他人商业信誉、商品声誉是否构成不正当竞争

《反不正当竞争法》第十二条规定，经营者不得编造、传播或者指使他人编造、传播虚假信息或者误导性信息，损害其他经营者的商业信誉、商品声誉。损害他人商业信誉、商品声誉构成不正当竞争；但是，是否能够获得赔偿，要看受害方是否受到损害，如受到损害则可以获得赔偿，反之亦然。

260. 网络经营活动中构成不正当竞争的情形有哪些

《反不正当竞争法》第十三条规定，经营者利用网络从事生产经营活动，应当遵守本法的各项规定。经营者不得利用数据和算法、技术、平台规则等，通过影响用户选择或者其他方式，实施下列妨碍、破坏其他经营者合法提供的网络产品或者服务正常运行的行为。

（1）未经其他经营者同意，在其合法提供的网络产品或者服务中，插入链接，强制进行目标跳转。例如，在某些浏览器的某个搜索平台中搜索跳转到其他搜索页面。

（2）误导、欺骗、强迫用户修改、关闭、卸载其他经营者合法提供的网络产品或者服务。例如，前几年腾讯与奇虎360之间的卸载之战。

（3）恶意对其他经营者合法提供的网络产品或者服务实施不兼容，如苹果系统与安卓系统。

（4）其他妨碍、破坏其他经营者合法提供的网络产品或者服务正常运行的行为。

第三节　不正当竞争行为应承担的法律责任

261. 不正当竞争纠纷案件中如何确定赔偿

构成不正当竞争的，首先按照经营者因不正当竞争行为受到的损失主张赔偿；其次按照侵权方因侵权所获得的利益主张赔偿；涉及混淆和侵犯商业秘密的不正当竞争行为的，按 500 万元以下予以赔偿。赔偿包括为制止侵权行为所支付的合理费用。

《反不正当竞争法》第二十二条第一款规定，经营者违反本法规定，给他人造成损害的，应当依法承担民事责任。

该条第二款规定，经营者的合法权益受到不正当竞争行为损害的，可以向人民法院提起诉讼。

该条第三款规定，因不正当竞争行为受到损害的经营者的赔偿数额，按照其因被侵权所受到的实际损失或者侵权人因侵权所获得的利益确定。经营者故意实施侵犯商业秘密行为，情节严重的，可以在按照上述方法确定数额的一倍以上五倍以下确定赔偿数额。赔偿数额还应当包括经营者为制止侵权行为所支付的合理开支。

该条第四款规定，经营者违反本法第七条、第十条规定，权利人因被侵权所受到的实际损失、侵权人因侵权所获得的利益难以确定的，由人民法院根据侵权行为的情节判决给予权利人五百万元以下的赔偿。

262. 构成不正当竞争可能承担什么法律责任

构成不正当竞争的，应依法承担相应的法律责任。《反不正当竞争法》规定了实施不正当竞争行为所应承担的民事赔偿责任，还规定了不正当竞争行为人应依法承担的行政责任，包括责令停止侵权行为、没收违法所得、行政罚款以及吊销营业执照等。行为人所实施的不正当竞争行为，情节特别严重，构成犯罪的，应当依法承担相应的刑事责任。

《反不正当竞争法》第三十四条规定，经营者违反本法规定，应当承担民事责任、行政责任和刑事责任，其财产不足以支付的，优先用于承担民事责任。

后 记

  本书的编写基于本人的实践经验，以及实际工作中遇到的问题，以工作中发生的典型案例为基础，以法律、法规为根据，对各种知识产权在实践应用中可能遇到的问题进行解答。由于实践领域中遇到的问题层出不穷，以及法律更新的滞后性，书中难免存在疏漏与不足，还望各界读者不吝批评与指正。

王国华

2025 年 6 月